华夏行者·畅游世界

说走就走的旅行 有我，就是这么简单！ 一书在手，畅游无忧

ITALY GUIDE

畅游意大利就这本最棒！

总策划 黄金山

《畅游意大利》编辑部 编著

華夏出版社

HUAXIA PUBLISHING HOUSE

目录 CONTENTS

畅游意大利 ITALY

Palazzo della

附录 梵蒂冈 225

索引 230

出游需要个好帮手

《畅游世界》系列图书即将付梓，编者嘱我写序。我曾经从事旅游出版工作十余年，对旅游图书有些感觉，在这里谈一点感言，权作交差吧。

人生数十载，不外乎上学、工作、生活三部分内容。上学和工作乐趣不多，压力不少；只有生活（上学和工作之外）能够品尝出些许味道。而这其中，最有意思、最令人向往、最能给人带来欢乐与回味的生活方式便是旅游，尤其对于当今生活节奏快、成本高，工作压力大、收入低，人口密度高、服务差，整天像牛马一样机械地干活的都市人来说，旅游是一副综合的良药，虽不能说包治百病，却是良效多多。记得哲人歌德说过："大自然是一部伟大的书。"而旅游就是阅读这部大书最为轻松愉悦的方式。一次短暂的旅游，可以使心灵得到长时间的安宁与抚慰；一次遥远的旅游，可以领悟人生的坎坷，体验生命的精彩；一次艰辛的旅游，留下的是难忘的记忆；一次快乐的旅游，带来的更是值得珍藏的财富。总之，旅游陶冶人的情操，愉悦人的身心，给人的生活带来无尽的希望与力量。

一次成功的旅游，需要做好三个阶段的工作：行前准备、途中指引、归来总结，而一本好的旅游指南书都能帮您搞定。虽然说现今的网络发达时代，利用各种固定的、移动的电子设备，可以查询相关旅游信息，方便快捷，但我对这些东西其实并不感冒，起码目前是这样，因为网上的信息东拼西凑、复制粘贴的太多，新兴的数字出版领域从行规建设、人员素质、质量控制等等诸多方面，要比已经发展了近百年的传统纸质图书行业稀松得多，可信度自然也就大打了折扣。数字出版物要想俘住广大读者的心，还有很长的路要走。所以，我建议出游的人们目前携带一本精要实用的纸质旅游指南书，还是明智的选择。

书店的旅游指南销售柜台已经摆满了花花绿绿的多家产品，各有优劣，读者尽可随意挑选。如果要我做个推荐，我自然要首推华夏出版社的“华夏行者——《畅游世界》”系列。这是一套为旅游爱好者量身定制的旅游指南书，通篇贯穿着一个宗旨，那就是让旅游者“畅”，食住行游购娱一路顺畅，惊喜快乐。书中对目的地的地理、气候、人文、区划、交通等作了详尽的介绍，还对当地的旅游热点、风味美食、平民餐馆、伴手好礼以及购物佳地等都进行了精选归纳和说明，最重要的还是本书精心设计的几天几夜游，它对于那些没时间计划或不会计划的忙人或懒人来说，很是管用，让您无需计划，拎起本书即可坦然上路。至于它是否具备优秀旅游指南的各项要素，诸如全面性、准确性、实用性、针对性、时效性、美观性等等，我便不再废话，说多了有“王婆卖瓜，自卖自夸”嫌疑，读者用过了，自然便有了答案。

仁者乐山，智者乐水。对于热爱生活的人们来说，旅游的步伐，从来都是风雨无阻，愿携带《畅游意大利》出行的人们，畅来畅往，快乐安康。

华夏出版社社长、总编辑

LOOK!意大利!

1 概况

意大利地处欧洲南部，包括亚平宁半岛以及西西里岛、撒丁岛等岛屿。从地图上看，仿佛一只长筒靴般的意大利国土狭长，北部阿尔卑斯山区的积雪终年不化，而南部地中海沿岸的阳光与蔚蓝大海都令人怦然心动。历史悠久的意大利是古罗马文明的发源地，在14至15世纪时更是因文艺空前繁荣而被称为欧洲文艺复兴的摇篮。1870年意大利实现统一，其首都罗马区域中有着全世界最袖珍的国家——梵蒂冈，从公元8世纪至今一直是全世界天主教徒心中的圣地。

2 地理

意大利位于欧洲南部，总面积301338平方公里，其境内超过4/5为山丘地带。意大利北部有阿尔卑斯山脉，中部则有亚平宁山脉，意大利最长的河流——波河就发源于阿尔卑斯山南坡。位于意、法边境的勃朗峰海拔4810米，是意大利最高峰，同时也是欧洲第二高峰。此外，意大利境内还有欧洲闻名的维苏威火山和埃特纳火山，其中埃特纳火山还是欧洲最大的活火山。

3 气候

意大利因国土狭长，气候南北差异较大，其大部分地区属于亚热带地中海式气候，夏季干热，冬季暖湿。

4 区划

意大利下辖皮埃蒙特、瓦莱达奥斯塔、伦巴第、特伦蒂诺-上阿迪杰、威尼托、弗留利－威尼斯朱利亚、利古里亚、艾米利亚－罗马涅、托斯卡纳、翁布里亚、拉齐奥、马尔凯、阿布鲁齐、莫利塞、坎帕尼亚、普利亚、巴西利卡塔、卡拉布里亚、西西里、撒丁共20个行政区。

5 人口及国花

意大利人口约有6100万，意大利国花为雏菊。

意大利面孔！

NO.1 足球

意大利国土的形状，就好像一只正在踢球的脚，足球仿佛就是意大利人的生命。意大利在国际足球舞台上的地位不言而喻，仅仅是4次世界杯冠军已经足以让每个意大利人感到自豪。更不用说那有“小世界杯”之称的意甲联赛，吸引了来自世界各地的最著名的球星和最热血的球迷。平时温文尔雅的意大利人到了足球赛场上是那么的热情奔放，甚至近于疯狂。

NO.2 古罗马遗迹

意大利是古代罗马帝国的发祥地，古罗马曾经在这里创造了灿烂辉煌的文明。至今这些古罗马的遗迹还遍布在意大利的每一个角落，尤其是在首都罗马，那些保存完好的古罗马遗迹更是吸引游人们纷至沓来的景点。无论是雄伟的罗马圆形竞技场，还是磅礴的君士坦丁凯旋门，都能体现出古罗马人那种睥睨天下的壮志豪情。特别是在古罗马广场上，更是能看到很多古代罗马人的遗迹，从那些残垣断壁中依稀还能看到昔日罗马帝国的辉煌。

NO.3 梵蒂冈

梵蒂冈是世界上最小的国家，被整个包在意大利国土之内。目前全国人口大约有600人，乍看起来毫不起眼，而在古代，这里却是基督教世界的中心，是欧洲最有权势的罗马教廷所在地。至今这里依旧是天主教教皇的治所，拥有很浓厚的宗教色彩。

NO.4 庞贝古城

庞贝古城距离罗马约240公里，背靠著名的维苏威火山。在公元79年，维苏威火山一场突如其来的喷发将这座城市整个埋入了火山灰中。自1748年这里重见天日以后，一切都还保留着这座城市最后的样子，无论是房屋布局还是屋内陈设纹丝未动，好像这里的时间就永远静止在了那一刻。

NO.5 威尼斯水城

提到意大利，人们一定会想起威尼斯，提到威尼斯，那水城风光更是为人们所称道。威尼斯由118座大小不一的岛屿组成，就好像是一颗颗漂浮在水上的璀璨明珠，到处都是涓涓水流和一座座的桥梁，形成了一幅诗情画意的美妙画卷。在威尼斯各个水道中往来穿梭的就是被称作刚朵拉的小舟，这种小船已经随着各种文学作品而家喻户晓。

NO.6 文艺复兴

文艺复兴是欧洲历史上一个伟大的时期，在这一时期内涌现了无数著名的艺术家、科学家、文学家，而这场运动最早就发源于意大利。而这一时期出现的众多文艺名人也成为意大利历史上的瑰宝。其中文学家当数但丁、薄伽丘、彼特拉克，画家有达·芬奇、拉斐尔、米开朗基罗等人。在他们的大力倡导下，欧洲进入了科学与艺术的黄金时期，诞生了《神曲》、《十日谈》、《蒙娜丽莎》、《大卫》等举世闻名并被后世奉为经典的伟大作品。

NO.7 意大利美食

意大利是一个诞生美食家的国度，意大利人在饮食上的研究不亚于中国人。而意大利菜也被认为是西餐的起源之一。意大利菜种类丰富，口味多样，而吃意大利餐的方式也颇为讲究，渐渐演变成现代西餐的礼仪。在诸多意大利名菜中，最为人们所熟知的当数意大利面和比萨，其中光意大利面就有好几百种，所加的肉酱也各有风味。

NO.8 流行时尚

意大利是闻名全球的时尚之国，无论是米兰还是罗马，都在世界时尚业界占有举足轻重的地位。而意大利出产的各种品牌的奢侈品也是世界时尚潮流的标杆。说起范思哲、阿玛尼、古驰等品牌，每一个潮人都是耳熟能详。而每年的米兰国际时装周等时尚发布会也都是那些站在流行趋势潮头的人们最为关注的。

NO.9 意大利歌剧

意大利是一个盛产艺术家的国度，这里最著名的还是要数现代歌剧。传统的意大利歌剧诞生自16世纪，是文艺复兴的成果之一。根据演唱方法和演出方式的不同分为狂欢节歌剧、幕间小表演、田园戏剧、情歌剧等好几种。在意大利的历史上既有普契尼这样的大剧作家，也有帕瓦罗蒂这样的传奇歌唱家，正是他们将意大利歌剧传遍全世界，使其成为不可缺少的艺术门类。

NO.10 罗密欧与朱丽叶

《罗密欧与朱丽叶》是莎士比亚最著名的作品之一，这个故事就发生在古老的意大利小城维罗纳。一对身处两个敌对家族的青年男女罗密欧与朱丽叶为了追求爱情而被自己的家庭所迫，最后双双殉情。这个悲剧的爱情故事自诞生以来就为人们广泛传诵，也被改编成为歌剧、电影、电视剧、动漫作品等。而这个故事的发生地维罗纳也成了一处知名的游览胜地，不少人为了一睹这故事中的场景而专程来到这里，其中也包括无数恋人的身影。

TIPS！意大利！

1 如何办理赴意旅游观光手续及注意事项

中国公民前往意大利旅游需要在意大利驻华使馆申请申根签证，如果同时还要前往其他申根国家观光旅游，根据在卢森堡签署的申根协议，需将意大利设为在欧行程中第一个入境国家或逗留时间最长的国家。此外，圣马力诺、梵蒂冈等袖珍国家可凭申根签证随意前往，它们与意大利国境间并没有边境检查。申请意大利申根签证具体办理手续如下：

个人意大利旅游（个人游）	
申请资格	全国所有地区的公民
所需材料	1、用英文或意大利文填写完整并签名（接受用拼音签名）的申请表； 2、两张4厘米×3.5厘米、白色背景的近照； 3、护照需签名且在签证到期后至少有90天有效期； 4、往返机票预订单； 5、酒店确认单（整个行程）或者意大利担保人的担保信（原件）及担保人的身份证；酒店如果是在网上预订的，请把酒店网址链接一并打印出来，如果是从酒店直接预订的，需要附有酒店盖章和负责人签字； 6、所有行程的资料：包括火车票、飞机票、船票、国际驾照等等，以及英文的具体行程； 7、暂住地的资金证明：信用卡或储蓄卡需附有信用额度的最近三个月有消费的对账单或者申请人个人银行活期存款，需附有最近三个月记录（以上材料需提交原件及复印件）； 8、申请人户口本原件和复印件； 9、申请人在职及准假证明：中国公司用公司抬头纸出具的英文信函，带公章，有签发证明信的负责人签名，内容包括公司地址、电话、传真号码，申请人的职位、薪水、在公司任职时间，在意大利（或申根地区）的具体时间，担保返回中国，签发负责人的机打拼音名字、职位； A、如果是无业、已婚的：需提供配偶的在职证明与资金证明，加结婚证带单认证； B、如果是单身、离婚或丧偶的：需提供辅助资产证明； C、如果是学生：需提供学生证、在读证明原件（内容包括学校地址、电话号码、同意出国意向、签发负责人名字与职务）、与亲属关系单认证； 10、资格证书（医生、老师、记者等等）原件与复印件； 11、中国公司带年检的营业执照复印件，加盖公章； 12、最低保额3万欧元的境外医疗保险（原件及复印件，必须在申根国家有效），参保时间至少为30天； 13、暂住证原件及复印件（至少已经注册6个月）； 14、申请人护照及所有签证（如有）的复印件。

其他辅助材料	1、房产证、驾驶证（如有）原件及复印件； 2、退休证（如有）原件及复印件； 3、结婚证原件及复印件（当申请人和担保人已经结婚）； 4、出生证原件和复印件，翻译成意大利文并经中国外交部认证（当申请人是担保人的子女）； 5、工资条原件和复印件； 6、当申请人未满18岁，需提交出生证原件和复印件，翻译成意大利文并经中国外交部认证，父母许可其出国旅行证明（经中国外交部认证或在使馆填写的表格），若其父母已去世，需提交由中国外交部认证的死亡证明。
停留时间	根据申请时的日程安排而定，最长不超过90天。
所需费用	60欧元
注意事项	1.申请签证时一定要与真实情况相符，否则若是在申请过程中被发现，可能会被永久拒签。 2.申请签证准备材料时，最好认真、严格、细致地准备，这样通过的成功率更高。 3.申根签证有几次进出申根国家的限制，请事先了解清楚，以免到时无法入境。 4.大使馆会通知面试，面试的时候可以使用意大利语，如果意大利语不好的话可以用汉语回答，不会因此影响签证的成功率。 5.在办理签证之前，最好先向意大利驻华使领馆以电话或通过其网页查询相关要求，以免准备不全。
特别提示	1、在领区内居住6个月以上的中国公民及外国人如申请意大利签证，可亲自或通过代理于周一至周五8:00—15:00到意大利签证申请中心（IVAC）提交申请； 2、申请人必须亲自到使馆进行面签。面签当天，建议申请人在约定面试时间15分钟前到达使馆签证处，如无法如约而至，申请人则需要另作预约。
*上述介绍仅供参考，具体申请手续以当地有关部门公布的规定为准。	

2 签证申请审核表

意大利个人旅游签证申请审核表，下载地址：http://www.italyvac.cn/chineese/pdf/Tourism_apr_14_17_04_14.pdf

探亲访友签证申请审核表：http://www.italyvac.cn/chineese/pdf/Family_Visit_271014.pdf

欧盟亲属-旅游：http://www.italyvac.cn/chineese/pdf/EU_relatives_Tourism_271014.pdf

工作签证申请：http://www.italyvac.cn/chineese/pdf/Work_apr_14_17_04_14.pdf

学习签证申请（18岁以上学生入学语言和技术课程）：http://www.italyvac.cn/chineese/pdf/Study_(Enrolment_in_Language_and_Technical_Schools)_240914.pdf

学习签证申请（意大利奖学金学生和意大利政府推广的学习项目）：http://www.italyvac.cn/chineese/pdf/Study_(grants_and_Gov_programs)_240914.pdf

学习签证申请（马可波罗、图兰多）：http://www.italyvac.cn/chineese/pdf/study_marco_polo_turandot_111014.pdf

医疗签证申请：http://www.italyvac.cn/chineese/pdf/Medical_Treatement_apr_14_17_04_14.pdf

ADS旅游签证申请：http://www.italyvac.cn/chineese/pdf/ADS_apr_14_17_04_14.pdf

过境签证申请：http://www.italyvac.cn/chineese/pdf/Transit_100614.pdf

商务签证申请-经济贸易界人士：http://www.italyvac.cn/chineese/pdf/Business_271014.pdf

商务签证申请-自由贸易协会：http://www.italyvac.cn/chineese/pdf/Business_ICE_271014.pdf

签证申请表

用于北京大使馆（面向在北京、新疆、西藏、青海、甘肃、宁夏、内蒙古、黑龙江、吉林、辽宁、天津、山西、陕西、河北、山东、河南、湖北、江西、湖南、四川、重庆、贵州以及云南省居住的申请人）。

申根签证申请表（90天内），下载表格网址：http://www.italyvac.cn/chineese/pdf/Schengen_VAF_240913.pdf

国家签证申请表（超过90天），下载表格网址：http://www.italyvac.cn/chineese/pdf/National_VAF_240913.pdf

附：意大利 个人旅游签证申请审核表_1

Checklist for Tourist Application –Individuals

个人旅游签证申请审核表

Turismo- viaggi individuali

<table>
<tr><td colspan="2">Name: ________________
（姓　名/Nome e Cognome）

Passport Number: __________________
（护照号/Numero di passaporto）</td><td colspan="3">Purpose of Visit: ________________
（访问目的/ Finalita' del viaggio ）
Contact No.: ____________
（联系电话/Tel）
E-mail Address:___________
（邮件地址/Indirizzo e-mail)</td></tr>
<tr><td colspan="2">Documents/主要材料/Documenti necessari</td><td>Yes/
有
Si'?</td><td>No/没有
/No?</td><td>Validity/有效期/Validita'</td></tr>
<tr><td>1.</td><td>Visa Application form duly filled in English or Italian signed (pinyin is accepted) by the applicant
将申请表用英文或意大利文填写完整并签名（接受用拼音签名）
Il modulo di richiesta visto debitamente compilato in inglese o italiano e firmato (il pinyin è accettato) dal richiedente</td><td></td><td></td><td></td></tr>
<tr><td>2.</td><td>Two recent photograph ICAO format (white background, 4X3.5 cm)
两张 4X3.5 厘米,白色背景的近照
Due fotografie recenti in formato ICAO（sfondo bianco，4X3.5cm）</td><td></td><td></td><td></td></tr>
<tr><td>3.</td><td>Valid passport with validity of at least 90 days after expiration of visa requested; duly signed. Passports issued prior to 10 years will not be accepted
护照需签名且在签证到期后至少有 90 天有效期. 护照签发不超过 10 年
Passaporto valido con validità di almeno 90 giorni oltre la scadenza del visto richiesto; debitamente firmato; Non si accettano passaporti rilasciati da piu' di 10 anni</td><td></td><td></td><td></td></tr>
<tr><td>4.</td><td>Round Trip air ticket booking
往返机票预订单
Prenotazione aereo andata /ritorno</td><td></td><td></td><td></td></tr>
<tr><td>5.</td><td>Confirmed hotel booking (for the whole duration of the trip). If it is done in Internet, please copy the link on the bottom of the page. If it is done by the hotel, please notice that the stamp of the hotel and a signature are requested. The cancelation of the hotel booking can cause refusal.
酒店确认单（整个行程）.酒店预订单如果是在网上预定的，请把酒店网址链接一并打印出来。如果是从酒店直接预订的，需要附有酒店盖章和负责人签字。如果您取消酒店的订单将可能是拒签的原因。
La prenotazione confermata di hotel (per la durata di tutto il viaggio). Se la prenotazione e' fatta per Internet, copiare il link in fondo alla pagina. Se fatta dall'hotel, sono richiesti il timbro dell'hotel e la firma del responsabile. La cancellazione della prenotazione alberghiera puo' comportare rifiuto.</td><td></td><td></td><td></td></tr>
</table>

Checklist for Tourist Application –Individuals
个人旅游签证申请审核表
Turismo- viaggi individuali

ame: ______________ （姓　名/Nome e Cognome） assport Number: ________________ （护照号/Numero di passaporto）	Purpose of Visit: ____________ （访问目的/ Finalita' del viaggio ） Contact No.: ____________ （联系电话/Tel） E-mail Address:__________ (邮件地址/Indirizzo e-mail)		
ocuments/主要材料/Documenti necessari	Yes/ 有 Si'?	No/没有 /No?	Validity/有效期/Validita'
Visa Application form duly filled in English or Italian signed (pinyin is accepted) by the applicant 将申请表用英文或意大利文填写完整并签名（接受用拼音签名） Il modulo di richiesta visto debitamente compilato in inglese o italiano e firmato (il pinyin è accettato) dal richiedente			
Two recent photograph ICAO format (white background, 4X3.5 cm) 两张 4X3.5 厘米,白色背景的近照 Due fotografie recenti in formato ICAO（sfondo bianco，4X3.5cm）			
Valid passport with validity of at least 90 days after expiration of visa requested; duly signed. Passports issued prior to 10 years will not be accepted 护照需签名且在签证到期后至少有 90 天有效期. 护照签发不超过 10 年 Passaporto valido con validità di almeno 90 giorni oltre la scadenza del visto richiesto; debitamente firmato; Non si accettano passaporti rilasciati da piu' di 10 anni			
Round Trip air ticket booking 往返机票预订单 Prenotazione aereo andata /ritorno			
Confirmed hotel booking (for the whole duration of the trip). If it is done in Internet, please copy the link on the bottom of the page. If it is done by the hotel, please notice that the stamp of the hotel and a signature are requested. **The cancelation of the hotel booking can cause refusal.** 酒店确认单（整个行程）.酒店预订单如果是在网上预定的，请把酒店网址链接一并打印出来。如果是从酒店直接预订的，需要附有酒店盖章和负责人签字。**如果您取消酒店的订单将可能是拒签的原因。** La prenotazione confermata di hotel (per la durata di tutto il viaggio). Se la prenotazione e' fatta per Internet, copiare il link in fondo alla pagina. Se fatta dall'hotel, sono richiesti il timbro dell'hotel e la firma del responsabile. **La cancellazione della prenotazione alberghiera puo' comportare rifiuto.**			

	如学生： 学生证与原件在读证明（学校地址，电话号，同意出国，签发负责人名字与职务。父母双方的在职证明与最近的三个月的对账单或银行流水单加亲属关系中国外交部认证。 Attestazione di impiego del candidato e lettera dell'azienda che approvi il permesso a partire. Lettera dell'azienda cinese in inglese (originale) su carta intestata, con il timbro e la firma della persona responsabile della redazione della lettera. Deve contenere l'indirizzo, il telefono e il numero di fax dell'azienda, la posizione ricoperta dal candidato, lo stipendio, l'anzianita' maturata nell'azienda, le date di partenza e rientro, la garanzia di rientro in Cina **Per disoccupati**: Se sposati: Lettera di impiego e ultimi tre mesi di estratto conto del coniuge piu' il certificato di matrimonio legalizzato dal Ministero degli Affari Esteri cinese. **Se single/divorziato/vedovo/vedova**: qualunque altra prova di entrate **Se studenti:** tesserino dello studente e lettera della scuola con l'indirizzo completo, il numero di telefono della scuola, il permesso di assenza, il nome e il ruolo della persona che firma il permesso. Lettera di impiego e ultimi tre mesi di estratto conto di entrambi i genitori e certificato di parentela notarizzato e legalizzato dal Ministero degli Affari Esteri cinese.			
10.	If enrolled in a professional order (doctor, journalist, teacher…), professional license card 资格证书（医生，老师，记者等等）复印件 Se iscritto in qualche albo professionale (medico, giornalista, insegnante...) tesserino in fotocopia			
11.	Copy of the business licence with original stamp of the employing company 中国公司的带年检的营业执照复印件带红色公章 Fotocopia con timbro in originale della visura camer della azienda di impiego			
12.	Overseas Medical Insurance for the period of stay with minimum coverage of Euro 30,000 for urgent hospitalization or re-entry expenses (to be shown in original plus photocopy and must be valid in Schengen country) 境外医疗覆盖整个行程的保险,最低保额 3 万欧元,(原件及复印件, 必须在申根国家有效) Assicurazione sanitaria per tutto il periodo di soggiorno avente una copertura minima di €30.000 per le spese per il ricovero ospedaliero d'urgenza e le spese di rimpatrio (originale e copia, deve essere valido nei paesi Schengen)			
13.	**If applicant is under 18**, Birth Certificate (copy and original) translated in Italian and legalized by Ministry of Foreign Affairs; permission to expatriate by both parents in original and copy legalized by Chinese Ministry of Foreign Affairs in case the child travels alone; by the natural parent who does not accompanies the child, if travels with only one of the two natural parents. If one of the parents passed away, death certificate legalized by Chinese Ministry of Foreign Affairs is necessary. **当申请人未满 18 岁，提交出生证（原件及复印件）**			

畅游意大利 推荐

	翻译成意大利文并被中国外交部认证. 父母许可其出国旅行被中国外交部认证：如果未成年人单独旅游，需要双方的同意出行函；如果未成年人与父母一方旅行，需要另一方的同意出行函。若其父母已去世，需提交被中国外交部认证的死亡证明。 **Se il richiedente è minorenne** (sotto i 18 anni), Certificato di nascita (fotocopia e originale) tradotto in italiano e legalizzato da Ministro degli Affari Esteri cinese; il permesso di entrambi i genitori ad espatriare in originale e copia legalizzato dal Ministero degli Esteri cinese nel caso in cui il minore viaggi solo; da parte del genitore che non accompagna il minore durante il viaggio nel caso il minore viaggi con uno solo dei genitori naturali. Nel caso uno dei genitori fosse deceduto, e' necessario il certificato di morte legalizzato dal Ministro degli Affari Eesteri Cinesi.			
14.	Copy of applicant's passport (two copies of the page with the picture, two copies of the page with the signature) and Schengen visas, if any. 申请人护照首尾页两份复印件及所有申根国家签证（如有）的复印件 Copia del passaporto (due copie della pagina con la foto, due copie della pagina con la firma) e di eventuali visti Schengen ricevuti in passato.			

Supporting Documents/辅助材料/Documenti di supporto		Yes/有/Si'?	No/没有/Non?	Validity/有效期/Data validata
1.	Certificate of House, Car Property 房产证，行驶证（如有 Certificato della proprieta' di casa, dell'auto			
2.	Certificate of Retirement 退休证 Certificato di pensione			
3.	Certificate of Marriage (Original and photocopy) 结婚证（原件及复印件）（当申请人和担保人已经结婚） Certificato di matrimonio (Originale e fotocopia)			Cancellare se sposato con lo sponsor
4.	Salary Slips (photocopy and original) 工资条（原件和复印件） Statino paga (fotocopia e originale)			

Attention/请注意/Attenzione:

Proof of economic means during the period of stay in Schengen area will be required when at customs.

在申根地区停留期间的资金证明将在到达海关时被要求出示。

La prova dei mezzi di sostentamento nel corso del periodo di permanenza nel territorio Schengen potra' essere richiesta all'arrivo in dogana.

Inquiry Officer to delete as appropriate
资料审核员根据适用情况选择 L'operatore annota:

1. The applicant has confirmed that s/he has no other documents to submit
   申请人已经确认她/他不提交其他文件 或者
   Il candidato ha confermato che non ha altri documenti da sottoporre
2. The applicant has submitted the supporting documents above. I have advised him / her that failure to submit all necessary documents may result in the application being refused, but s/he has chosen to proceed with the application.
   申请人已经递交了上述文件，我已通知其不提交所有必要文件会导致被拒签，但其选择继续提交申请。
   Il candidato ha presentato i documenti di comprovazione di cui sopra, e' stato informato che l'omissione nel presentare tutti i documenti necessari può causare il rifiuto della richiesta, e ha scelto procedere all'applicazione con la richiesta.

VISA Fee（签证费）		NAME OF TRAVEL AGENT 代理名称	
Service Fee（服务费）		ADDRESS 地址	
Courier Fee (If any)快递费（如选）			
Other Fees（其他费用）		TEL/电话	

-- ----------

Name & Signature of Inquiry Officer（资料审核员签名/ Firma dell'operatore） Date/日期/Data

----

Applicant's Signature（申请人签名/Firma di richiedente）

邀请函表格

商务: 根据意大利使馆要求，意大利签证中心可以受理商务邀请函的复印件。如果意大利邀请公司不能出具邀请函原件，必须将邀请函以附件形式(PDF格式)由意大利邀请公司的电子邮箱发送到infopek.italycn@vfshelpline.com 与 inviti.pechino@esteri.it 邮箱，要求email的主题要写明 “Business invitation letter”，如没注明，意大利签证中心不予受理。如果邀请函从非企业邮箱发出，签证中心只能接收邀请信原件。

旅游和欧盟团聚: 旅游和欧盟团聚邀请函只能是原件。邀请人需把原件送寄给申请人。

旅游邀请函 (意大利语)：http://www.italyvac.cn/chineese/pdf/Invito_turismo_sep_14.pdf

旅游邀请函(英文)：http://www.italyvac.cn/chineese/pdf/Tourism_invitation_sep_14.pdf

商务邀请函(意大利语)：http://www.italyvac.cn/chineese/pdf/Invito_per_Affari_10.09.13.pdf

商务邀请函(英文)：http://www.italyvac.cn/chineese/pdf/Business_Invitation_Letter_10.09.13.pdf

欧盟团聚-孩子或父母：http://www.italyvac.cn/chineese/pdf/EU_Family_Reunion_declaration-children_and_parents_10.09.13.pdf

欧盟团聚邀请函-配偶：http://www.italyvac.cn/chineese/pdf/EU_Family_Reunion_declaration-spouse_10.09.13.pdf

签证申请中心服务费

个人申请服务费每人人民币180元

快递费-----每份申请人民币50元

照片费-----每版人民币35元

ADS团队申请服务费每人人民币115元

复印费-----每张人民币1元

附：旅游邀请函 (意大利语) _1

DICHIARAZIONE GARANZIA E/O ALLOGGIO
Ai sensi dell'art. 14 p.4 Codice Visti e dell'art. 9 p.4 Regolamento VIS

PROOF OF SPONSORSHIP AND/OR PRIVATE ACCOMMODATION
According to art. 14 p.4 Visa Code and to art. 9 p.4 VIS Regulation

Io Sottoscritto/a *I, the undersigned*

Nome/Name	
Cognome/Surname	
Data di nascita/Date of birth	Luogo di nascita/ Place of birth
Nazionalità/Nationality	
Documento di identità/Identity card	
Passaporto/Passport	
Permesso di soggiorno/Residence permit	
Indirizzo/Address	
Professione/Occupation	

Solo per le Società o Organizzazione *Only for Companies or Organizations*

Ragione sociale /Company Name	
Sede legale /Company Address	
Nome del legale rappresentante/ Legal representative	
Tel:	email:

☐ dichiaro di voler ospitare/ *declare being able to accomodate:*
  ☐ presso la mia abitazione / *at my abovementioned address*
  ☐ al seguente indirizzo/ *at the following address*

Nome/Name	
Cognome/Surname	
Data di nascita/Date of birth	Luogo di nascita/ Place of birth
Nazionalità/Nationality	
Passaporto/Passport	
Indirizzo/Address	
Professione/Occupation	
Relazione con l'invitante/Relationship to the invitee	
per la seguente finalità/ for the following reason	
per il periodo dal/from	al/to

附：旅游邀请函 (意大利语) _2

☐ dichiaro di farmi carico delle sue spese di sostentamento durante il soggiorno
I declare being able to bear his / her living costs during the abovementioned period of stay

☐ dichiaro di avere stipulato in suo nome l'assicurazione sanitaria
I declare to have subscribed health insurance on his / her behalf

☐ (eventuale) dichiaro di aver messo a sua disposizione, a titolo di garanzia economica, sotto forma di "fideiussione bancaria" (v. allegato), la somma di € ________ presso l'Istituto bancario ____________ Agenzia n. ____ sita in ________________
I declare to have made available on his/her, as financial guarantee (see annex), the sum of € ______ in the following bank ______________ branch _____ address ____________

☐ sono consapevole che, ai sensi dell'art. 7 del D. Lgs. n. 286/1998 e s.m.i., sono tenuto a comunicare all'autorità di P.S. di zona, la presenza del cittadino straniero presso la mia abitazione, entro 48 ore dalla sua entrata nel territorio italiano
I am aware that, in accordance with Art. 7 of Legislative Decree n. 286/1998 and subsequent modifications, I shall notify the local police headquarters of the presence of the foreign national in my home, within 48 hours from the time he / she entered Italian territory

☐ sono consapevole delle responsabilità penali previste dall'art. 12 del D. Lgs. n. 286/98 e s.m.i.
I am aware of the penal responsibilities foreseen by art. 12 of Legislative Decree n. 286/1998 and subsequent modifications.

Sono informato del fatto e assento che i dati forniti con il presente modulo sono obbligatori per l'esame della domanda di visto e che essi saranno comunicati alle autorità competenti degli Stati membri e trattati dalle stesse, ai fini dell'adozione di una decisione in merito alla domanda.
Tali dati saranno inseriti e conservati nel sistema d'informazione visti (VIS) per un periodo massimo di cinque anni, durante il quale essi saranno accessibili alle autorità competenti per i visti; alle autorità competenti in materia di controlli ai valichi di frontiera esterni; alle autorità competenti a controllare all'interno degli Stati membri se siano soddisfatte le condizioni d'ingresso, di soggiorno o di residenza nel territorio degli Stati membri; alle autorità competenti in materia di asilo ai fini della determinazione dello Stato membro competente per l'esame di una domanda di asilo e/o ai fini dell'esame di una domanda di asilo.
A determinate condizioni, i dati saranno anche accessibili alle autorità designate degli Stati membri ed a Europol ai fini della prevenzione, dell'individuazione e dell'investigazione di reati di terrorismo e altri reati gravi.
Le autorità italiane di controllo sul trattamento dei dati personali di cui all'articolo 41 par. 4 del Reg. CE n. 767/2008 sono il Ministero degli Affari Esteri ed il Ministero dell'Interno.
Sono informato/a del diritto di accesso ai dati relativi alla mia persona registrati nel VIS e del diritto di chiedere che dati inesatti relativi alla mia persona vengano rettificati e che quelli relativi alla mia persona trattati illecitamente vengano cancellati.
L'autorità italiana di controllo nazionale di cui all'art. 41 par. 1 del Reg. CE n. 767/08 è il Garante per la protezione dei dati personali sito in Piazza di Monte Citorio n. 121 00186 Roma.
Dichiaro che a quanto mi consta tutti i dati da me forniti sono completi ed esatti. Sono consapevole delle responsabilità penali in caso di false dichiarazioni, così come espressamente stabilito dall'art. 76 del D.P.R. n. 445/2000.

I am aware of and consent to the following: the data provided within this declaration are mandatory and will be supplied to the relevant authorities of the Member States and processed by those authorities, for the purposes of a decision on the visa application.
Such data will be entered into, and stored in the Visa Information System (VIS) for a maximum period of five years, during which it will be accessible to: the visa authorities, the authorities competent for carrying out checks on visas at external borders; to the immigration authorities in the Member States for the purposes of verifying whether the conditions for the legal entry into, stay and residence on the territory of the Member States are fulfilled; to the asylum authorities in the Member States for the purposes of examining an asylum application and of determining responsibility for such examination.
Under certain conditions the data will be also available to designated authorities of the Member States and to Europol for the purpose of the prevention, detection and investigation of terrorist offences and of other serious criminal offences.
The Italian authorities responsible for processing the data according to art. 41 p. 4 of Reg. CE n. 767/2008 are: Ministry of Foreign Affairs and Ministry of Interior.
I am aware that I have the right to obtain notification of the data relating to me recorded in the VIS and to request that data relating to me which are inaccurate be corrected and that data relating to me processed unlawfully be deleted.
The Italian national supervisory authority according to art. 41 p.1. of Reg. CE n. 767/08 is the Data Protection Authority based in Piazza di Monte Citorio, 121 – 00186 Rome.
I declare that to the best of my knowledge all particulars supplied by me are correct and complete. I am aware that making false statements is punishable by law (see art. 76 D.P.R. n. 445/2000).

Luogo e data /Place and date:

Firma/ Signature

Allegati/ Annexes:
☐ documento d'identità dell'invitante/ identity card of the person issuing the invitation
☐ fideiussione bancaria / financial guarantee
☐ altri documenti/ other documents.

3 意大利驻中国使领馆

意大利驻北京大使馆

地址：北京市朝阳区工人体育场北路13号院1号楼2层211-212室（意大利签证申请中心）

邮编：100600

网址：http://www.ambpechino.esteri.it

办公时间：个人签证递交材料：8:00—15:00，ADS团队签证递交材料：8:00—11:00

取护照，电话咨询：8:00—17:00

签证办公室：

传真：010-65325724

电话：010-85327600

电子邮件：visti.pechino@esteri.it

意大利驻上海总领事馆

地址：上海市徐家汇路555号广发3楼（意大利签证中心）

邮编：200023

网址：http://www.consshanghai.esteri.it/Consolato_Shanghai

办公时间：周一至周五（除节假日外）

递交申请时间：8:00—15:00

领取护照时间：8:00—17:00

客服热线时间：8:00—17:00

电话：021-63901803、021-663901937

电子邮件：infosha.italycn@vfshelpline.com

意大利驻广州总领事馆

地址：广州市天河区广州大道中988号圣丰广场2楼05-06室

邮编：510620

网址：http://www.conscanton.esteri.it/Consolato_canton

办公时间：8:00—15:00（周一至周五，周六日及国定节假日除外）。ADS申请，请于上午10点前到中心递交。5人或5人以上的申请，请于下午1点之前到中心递交。工作签证或家庭团聚签证申请，请于上午10:30分之前到中心递交。

领取护照时间：8:00—17:00（周一至周五，周六日及国定节假日除外）

咨询电话：020-38784008，8:00—17:00（周一至周五，周六日及国定节假日除外）

电子邮件：infocan.italycn@vfshelpline.com

4 其他有用的网址

1. 外交部：www.esteri.it/visti/

2. 意大利国家旅游局：www.enit.it

3. 意大利驻北京大使馆文化中心：www.italcultbeijing.org

4. 意大利工商会：www.cameraitacina.com

5. 意大利对外贸易委员会：www.italtrade.com/countries/asia/china/index.htm

6.留学意大利：www.studyinitaly.cn

5 出入境须知

1、进入意大利时，成人携带超过175欧元、未成年人携带超过90欧元的消费品，需要报关，超过限额时，需要缴税。

2、意大利海关对烟草、酒类、香水类产品的商品数都是限额，200支以内的香烟、或100支以内的卷烟、或50支以内的雪茄、或250g以内的烟草可免税； 1L以内的烈酒、或2L以内的葡萄酒可免税；50g以内的香水、500g以内的咖啡、100g以内的茶叶都可免税，超过限额的，需报关缴税。

3、进入意大利时，携带超过10329欧元的有价证券和货币时，需要报关。

4、注射过狂犬疫苗的狗、猫，有意大利承认的身体健康证明书即可入关；鸟类、鱼类、龟类等动物入关时需要身体证明书并接受身体检查，即可通关；植物入关需要符合《华盛顿条约》的规定。

5、凡属于《华盛顿条约》中受保护的珍稀动植物，不允许入关，违者根据情节轻重处以相应的罚款。

6、武器是不允许入关的，没有许可证的刀剑、枪支等由海关代为保管，超过50年的文物须经过鉴定才可出关。

6 如何前往意大利

飞机

罗马和米兰是意大利的国际机场所在地，中国游客前往意大利可从北京或上海直飞罗马、米兰，也可选择从北京乘阿航航班经迪拜转机前往罗马、乘汉莎航空的航班经法兰克福转机前往罗马或米兰、乘法航航班在巴黎转机前往罗马或米兰。

7 在意大利需要注意的旅行生活常识

由于人民币在意大利属于非流通货币，中国游客需要在酒店、旅行社、机场或银行等地将人民币兑换成欧元。中国游客在意大利标有“TAX FREE SYSTEM”标志的商店购物，购物金额达到一定数额后，可以在罗马机场的汇兑窗口将商品名称、价格、自己的护照号码记在退税申请书上，并出示商品发票，在离境时向海关出示发票和商品检验盖章，即可在海关前的银行汇兑处办理退税。

游人在意大利旅游需要注意保管好自己的财物，意大利的知名观光景点或餐厅、博物馆、酒店大堂、百货公司等人多的地方，经常会有针对亚洲尤其是中国游客的小偷，注意出行不要携带太多现金，也不要将财物暴露于大庭广众之下，夜晚尽量结伴出行，防止发生意外。此外，在意大利的餐馆、旅馆结账时账单都已包含服务费，如果对其服务表示满意和赞赏，可另付小费。

8 常用电话

宪兵队：112
警察局：113
火警：115
公路急救电话：116
医疗急救：118
报时：161
国际电话台：170
电报：186
公路抢险：803803
ACI不定期船的咨询：06-4212
意大利航空国际线预约：02-26852
意大利航空国内线预约：02-26851
中国驻意大利使馆：0039-06-8413458

GO!意大利交通！

1 航空

罗马和米兰国际机场是大部分境外游客来到意大利的第一站。由于意大利国土狭长，在境内跨越南北旅行最方便的交通工具就是飞机，乘坐意大利国内航线，可方便快捷地前往罗马、米兰、热那亚、都灵、威尼斯、撒丁岛、那不勒斯等主要地区。

罗马有两个机场，其中达·芬奇机场（Fiumicino）位于罗马市区西南约35公里处，是主要的客机起降机场。入境大厅在一楼，二楼为出境大厅。乘飞机来往罗马与欧洲各国之间航程最多不超过4小时，来往非常方便。机票价格虽然昂贵，但提前预订往往可以拿到不错的折扣，也有很多廉价航空公司可以选择。乘飞机出境务必提前两小时到机场办理手续，如需退税，应提前更多时间。

从机场到罗马市内

1、机场与特米尼车站之间有莱昂纳多机场特快Leonard Express，车程约30分钟，在售票处买票的话是9.5欧元，在车上购买就要14欧元。机场到特米尼车站的运营时间是6：37～23：37，每 30～60分钟一班，车站到机场的运营时间是5：52～22：52。

2、从机场到台伯提那Tibutina车站的列车，全程约40分钟，票价5欧元。机场出发运营时间是6：27～21：27，每30～60分钟一班，台伯提那车站出发运营时间是5：36～20：36，每15～60分钟一班，21：36～22：36，每30分钟一班。在台伯提那车站可以转乘地铁B线。

3、夜班车：机场线路停车后，夜班公共汽车开始运行。从机场开往台伯提那车站的车分别于1：15、2：15、3：30、5：00发车，中途停靠特米尼车站，全程约50分钟，票价5欧元，返程票价3.62欧元，0：30、1：15、2：30、3：45发车。

2 火车

意大利铁路交通和相邻的奥地利、瑞士、法国等国的铁路相连，组成欧洲铁路网的一部分，在意大利境内乘欧洲城市特快、欧洲夜车、国际高速列车等可以方便地往返罗马、米兰、威尼斯、佛罗伦萨等主要城市。值得一提的是，意大利列车误点现象比较严重，尤其南部列车行驶速度较慢。

从罗马乘火车到米兰4.5小时左右，到威尼斯5小时左右，到佛罗伦萨2小时左右，到那不勒斯3小时左右，车次很多；到南端的西西里岛则有夕发朝至的夜车。到巴黎的国际列车需要在米兰、洛桑或第戎换车，但不需出站、不需重新购票，全程12~15小时。北意大利的湖光山色、法国南部的乡村都是美不胜收，乘火车欣赏美景很是惬意。乘火车有很多种优惠卡，可以根据实际需要选择国内或国际、不同天数的卡。

3 公路

前往罗马周边拉齐奥大区旅行，乘坐短途巴士非常方便。长途旅行也可以选择乘坐巴士，相对飞机和火车票价是最便宜的，但速度也最慢，罗马到米兰约7小时，到巴黎约24小时，对体力是一大考验。

罗马交通

1 地铁

罗马地铁的规模比较其他西欧大城市的地铁系统小很多，甚至比不上米兰地铁，据说是由于罗马地下文物众多，才使得地铁无法轻易开工。但罗马城内大部分景点都可以乘地铁达到。罗马地铁票价单程票1欧元，在

地铁站和烟店都可以买到。此外，值得一提的是罗马地铁的涂鸦非常有名，不只在站台上，就连地铁列车也是布满涂鸦。

2 公共汽车

罗马的公交系统发达，几乎覆盖了全市所有区域，其中市内公共汽车行驶时间是5:30~24:00；编号N的夜间公共汽车行驶时间是0:10~5:30；此外还有直接前往各旅游景点的旅游巴士，非常方便。罗马的公共汽车票价1欧元，在75分钟内可以随意换乘，此外还有一日票、三日票和一周票等方便游客的交通周游券。

3 出租车

罗马的正规出租车为白色或黄色，在市内的火车站、威尼斯广场、西班牙广场、巴贝里尼广场等游客众多的地方设有出租车站，游人可以在这里排队等候出租车。此外也可选择打电话预约出租车，但车费要从出发点开始计算。罗马出租车起步价为2.33欧元，之后以0.11欧元的幅度递增，22:00~次日7:00起步价4.91欧元，周日、节日起步价3.36欧元，大行李每件1.04欧元，外环高速路1.29欧元/公里，内环0.78欧元/公里。

附：罗马地铁线路图

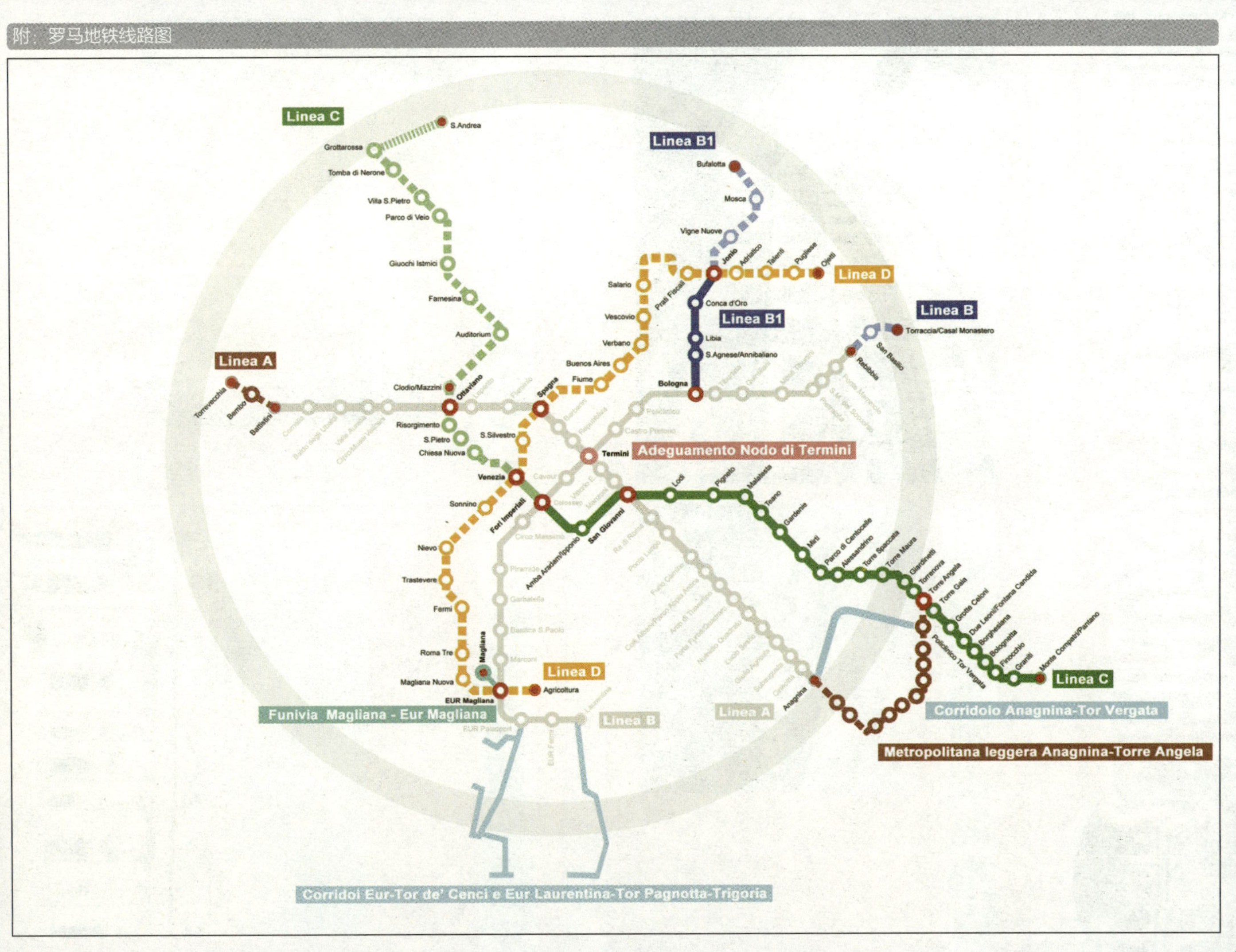

Linea C
S.Andrea
Grottarossa
Tomba di Nerone
Villa S.Pietro
Parco di Veio
Giuochi Istmici
Farnesina
Auditorium
Clodio/Mazzini
Ottaviano
Linea A
Torrevecchia
Bembo
Battistini
Risorgimento
S.Pietro
Chiesa Nuova
Venezia
Sonnino
Fori Imperiali
Nievo
Trastevere
Fermi
Roma Tre
Magliana
Magliana Nuova
EUR Magliana
Agricoltura
Linea D
Funivia Magliana - Eur Magliana
Linea B1
Bufalotta
Mosca
Vigne Nuove
Jonio
Adriatico
Talenti
Pugliese
Ojetti
Linea D
Salario
Prati Fiscali
Conca d'Oro
Linea B1
Vescovio
Verbano
Buenos Aires
Fiume
Spagna
S.Silvestro
Libia
S.Agnese/Annibaliano
Bologna
Linea B
Torraccia/Casal Monastero
San Basilio
Rebibbia
Termini
Adeguamento Nodo di Termini
Lodi
Pigneto
Malatesta
Teano
Gardenie
Mirti
Parco di Centocelle
Alessandrino
Torre Spaccata
Torre Maura
Giardinetti
Torrenova
Torre Angela
Torre Gaia
Grotte Celoni
Due Leoni/Fontana Candida
Borghesiana
Bolognetta
Finocchio
Graniti
Monte Compatri/Pantano
Linea C
San Giovanni
Amba Aradam/Ipponio
Policlinico Tor Vergata
Anagnina
Linea A
Linea B
Corridoio Anagnina-Tor Vergata
Metropolitana leggera Anagnina-Torre Angela
Corridoi Eur-Tor de' Cenci e Eur Laurentina-Tor Pagnotta-Trigoria

速报！10大人气好玩旅游热地！

NO.1 罗马圆形竞技场

最大直径为188米，最小直径为156米，可容纳近9万名观众的罗马圆形竞技场，作为古罗马文明的代表，同时也是意大利的国家标志与象征。

NO.2 圣彼得大教堂

圣彼得大教堂建于公元4世纪，是世界第一大教堂，拥有全世界最壮观的巨型圆顶，是天主教圣城梵蒂冈最核心的建筑。

NO.3 梵蒂冈博物馆

梵蒂冈博物馆收藏展示有大量精美珍贵的艺术品，其中以古埃及、古希腊和古罗马时期的作品最为珍贵，大量文艺复兴时期的艺术品更是美轮美奂，是全世界最著名的博物馆之一。

NO.4 米兰大教堂

始建于1386年的米兰大教堂直到1897年才正式竣工，是全世界规模最大的哥特式教堂，同时也是全世界第二大教堂，法兰西帝国的皇帝拿破仑就是在这座教堂登基加冕的。

NO.5 威尼斯圣马可广场

早在一千年前，威尼斯圣马可广场就是水城威尼斯的政治、宗教和娱乐中心，曾被拿破仑称为“世界上最美的广场”。

NO.6 佛罗伦萨圣母百花大教堂

作为佛罗伦萨城市标志的圣母百花大教堂由大教堂、钟塔与洗礼堂等几个部分构成，美轮美奂的外观吸引了全世界各地的游客光顾。

NO.7 乌菲兹美术馆

佛罗伦萨乌菲兹美术馆以收藏达·芬奇、米开朗基罗、拉斐尔、丁托列托、伦勃朗、鲁本斯、凡·代克等欧洲文艺复兴时期各个画派代表人物的画作而闻名，素有“艺术宝库”之称。

NO.8 圣洛伦佐教堂

佛罗伦萨圣洛伦佐教堂由建筑风格各不相同的旧圣器室、新圣器室和君主礼拜堂三部分组成，曾经是美第奇家族的私人礼拜堂，现今教堂内还收藏有超过1万册美第奇家族的私人藏书。

NO.9 比萨斜塔

世界闻名的比萨斜塔是比萨大教堂的钟楼，历史上伽利略在这里做过自由落体的实验，而这座倾斜的美丽白塔自身也堪称世界奇迹。

NO.10 庞贝遗迹

在古罗马帝国时代曾经繁盛一时的庞贝古城被维苏威火山突然喷发落下的火山灰掩埋，直到18世纪才重见天日。如今人们依旧可以从遗迹中的广场、大会堂、神殿、城墙、公共浴室、民居、酒吧、妓院等建筑和公共设施遥想古罗马时代的辉煌。

F 速报！10大无料主题迷人之选！

NO.1 君士坦丁凯旋门

始建于公元312年的君士坦丁凯旋门高21米，是为纪念罗马皇帝君士坦丁大帝统一帝国而建，整座凯旋门上装饰有大量精美的浮雕，充满罗马帝国早期艺术风格。

NO.2 科斯美汀圣母教堂

始建于6世纪的科斯美汀圣母教堂毗邻威尼斯广场，周围环境清幽的教堂因一个被称为真理之口的井盖而闻名，据说说谎的人如果将手放在井盖上雕刻的头像口中会无法拔出，这吸引了众多游客尝试。

NO.3 巴贝里尼广场

始建于16世纪的巴贝里尼广场是为纪念巴贝里尼教皇而命名，广场周围林立着巴贝里尼宫、意大利国家古代艺术画廊等华美典雅的建筑。

NO.4 许愿池

始建于17世纪30年代的许愿池是罗马的城市标志之一，作为罗马最著名的城市喷泉，许愿池因电影《罗马假日》而为世人熟知。正中是高大的海神雕像，背景建筑是一座海神宫。许愿池喷泉是一件华美的巴洛克风格的杰作，传说在这里抛下硬币后就会愿望成真。

NO.5 台伯河

全长406公里的台伯河是意大利第三大河流，是罗马城的母亲河，哺育了伟大的古罗马文明。

NO.6 圣彼得广场

作为基督教世界最著名的广场，圣彼得大教堂前的圣彼得广场是一处美轮美奂的椭圆形广场，在其双圆心处各立有一座巨大的埃及方尖碑，整座广场可容纳30万人，周日下午还会有无数信徒在这里对教皇致敬欢呼。

NO.7 维托里奥·艾曼纽二世拱廊

毗邻米兰大教堂的维托里奥·艾曼纽二世拱廊已有百年历史，是一座美轮美奂的钢架构玻璃拱顶建筑，也被人称作“米兰的客厅”。

NO.8 大运河

呈倒S形从威尼斯城中穿过的大运河是威尼斯最重要的一条水道，水城威尼斯几乎所有建筑都是沿大运河两岸而建，河畔两岸浓缩了威尼斯的全部精华。

NO.9 加里波第大道

热那亚的加里波第大道是为纪念意大利民族英雄加里波第而命名的道路，沿街两侧林立着不同年代的建筑，堪称一处热那亚建筑博物馆。

NO.10 热那亚港口

建于古罗马帝国时代的热那亚港口迄今已有两千多年历史，是如今全世界历史最悠久的港口之一，港口四周的建筑古色古香，充满独特风情。

速报！10大人气魅力平民餐馆！

1 餐馆 Checchino Dal 1887

Checchino Dal 1887历史悠久，已经在罗马传承了好几代，每晚都有很多食客专程光顾这家地处偏远的餐厅，享用这里提供的美味料理和各种红酒。

2 餐馆 卢卡提诺

位于越台伯河区的卢卡提诺是一家历史悠久的小酒馆，在古色古香的越台伯河区观光之余，不妨来这里品尝一下美味的菜肴，再喝一杯红酒，感受一下普通罗马人的日常生活。

餐馆

3 Papa Giovanni

位于罗马的Papa Giovanni餐厅以美酒和松露料理而闻名，除了美味精致的料理，餐厅地下室的酒窖内还收藏了世界各地的美酒，无愧其入选为十大意大利餐厅之列。

餐馆

4 Sebatini

开业于1958年的Sebatini毗邻罗马圣母广场，50余年来一直以厨师精心烹制的美味罗马传统料理闻名，经常可以看到游客在店内品尝小羊肉料理和海鲜料理的身影。

餐馆

5 Antica Enoteca di Via della Croce

开业于1842年的Antica Enoteca di Via della Croce是罗马历史最悠久的酒吧，除了品尝美酒外，店内的烤牛肉也以肥而不腻、鲜而不老的特色赢得良好口碑，不妨一试。

餐馆

6 希腊咖啡馆

毗邻西班牙广场的希腊咖啡馆开业于1750年，是罗马规模最大的一家咖啡馆。在这里喝一杯咖啡，吃着三明治，欣赏对面威尼斯广场的风光，或是研究一下尼采、叔本华、雪莱、拜伦、济慈、歌德、狄更斯等曾光顾这家店的名人，颇有一番趣味。

餐馆

7 Da Baffetto

Da Baffetto是罗马最有名的比萨店之一，每天只在晚上营业的Da Baffetto下午在店门前就会排满长队，其中不乏观光之余专程来品尝美味比萨和美酒的游客。

餐馆

8 Andrea海鲜老店

创立于1928年的Andrea海鲜老店是一家传承三代的海鲜餐厅，在罗马威尼托街逛街观光之余不妨来这里，品尝店内厨师精心烹制的海鲜意大利面等美味的海鲜料理。

餐馆

9 Enoteca Corsi

Enoteca Corsi历史悠久，店内用小黑板写成的菜单颇为温馨，充满罗马小酒馆的气氛，可在这里品尝油煎小牛排等美味。

畅游意大利…推荐

餐馆

10 Pizza Re

纯正那不勒斯口味的Pizza Re以传统食材搭配厚饼皮做成的比萨，即使在罗马也是有口皆碑，深受罗马百姓欢迎。

H 购物！罗马&米兰买平货10大潮流地！

买平货 1 旅行者书店

罗马的旅行者书店堪称背包游客的圣地，这家书店从地板直到天花板的高大书架内摆满了各种语言版本的世界各地地图和地球仪，同时那些用精致铁罐装好的地图也是馈赠亲友的好礼品。

买平货 2 怀旧馆

怀旧馆内的商品是球迷的最爱，店内摆放的各种商品都是全新制作的20世纪复古款球衣，几乎所有欧洲知名球队的球衣都可在这里买到，甚至还有1900年的古董级款式。

买平货 3 Via Sannio 市场

毗邻罗马圣约翰地铁站附近的Via Sannio市场与一般跳蚤市场不同，这里的营业时间是在周一到周五的上午，可以淘到一些二手服饰和廉价鞋子，以及家居用品等，市场内也经常可以看到一些背包游客的身影。

买平货 4 Porta Portese 跳蚤市场

每周日早上，罗马Porta Portese 跳蚤市场内都是人山人海，不论珍本书籍、家居用品还是自行车零件、电子产品都可以在这里的数千个摊位中寻觅到。

5 买平货 流行特价商城

罗马的流行特价商城是一座几乎没有装饰的大卖场，其中男士馆和女士馆各一座，可在这里买到GUCCI的包包、ARMANI的套装、PRADA的鞋子、VERSACE的上衣等各种打折的名牌商品，是购物狂不可错过的地方。

7 买平货 威尼斯广场周边小店

在罗马威尼斯广场附近的Condotti、Borgognona、Frattina等街道林立着大量精致时尚的特色小店，可以买到从知名品牌到年轻人喜欢的时尚服饰等各种商品。

9 买平货 圣安德烈街

位于米兰黄金四角区的圣安德烈街沿街两侧林立着大量商家，是逛街购物的绝佳选择。

6 买平货 纳沃纳广场圣诞市场

每年12月8日开始到第二年的1月6日，在罗马纳沃纳广场都会举办热闹的圣诞市场，可以买到玩具、糖果、节日装饰物等新鲜有趣的小玩意，充满欢乐的节日氛围。

8 买平货 蒙提·拿破仑大街

蒙提·拿破仑大街街道两侧拥有巨大的玻璃拱廊，各种华贵典雅的商店内经营着最新款式的服装饰品，是米兰最著名的购物街之一。

10 买平货 史皮卡大街

用石板铺成的米兰史皮卡大街两侧有大量新潮的时尚概念商店，在这里可以买到各种最新款式的潮流服饰，也可买到各种CD和书籍。

奢侈品！罗马&米兰世界大牌淘货地！

奢侈品 1 GUCCI

罗马：Via Condotti精品购物街、Via Borgognona购物街设有旗舰店。

米兰：米兰大教堂La Rinascente百货、圣安德烈街、蒙提·拿破仑大街开有专卖店。

奢侈品 2 LV

罗马：Via dei Babuino 118开有精品店。

米兰：米兰大教堂LaRinascente百货、圣安德烈街、蒙提·拿破仑大街开有精品店。

奢侈品 3 PRADA

罗马：Condotti精品购物街、Via Borgognona购物街开有精品店。

米兰：米兰大教堂La Rinascente百货、维托里奥·艾曼纽二世拱廊开有精品店。

奢侈品 4 DIOR

罗马：Via Condotti精品购物街1-4开有精品店。

米兰：Via Montenapoleone开有精品店。

5 奢侈品 FENDI

罗马：Via Borgognona精品购物街、Largo Goldoni开有旗舰店。

米兰：米兰大教堂La Rinascente百货、圣安德烈街、蒙提·拿破仑大街开有精品店。

6 奢侈品 TIFFANY

罗马：Via dei Babuino开有精品店。

米兰：Via della Spiga19/A开有精品店。

7 奢侈品 CARTIER

罗马：Via Condotti精品购物街、Via Barterini开有精品店。

米兰：Via Montenapoleone开有精品店。

8 奢侈品 ARMANI

罗马：Via Condotti精品购物街、Via dei Babuino开有精品店 。

米兰：米兰大教堂La Rinascente百货、Via Montenapoleone开有精品店。

9 奢侈品 HERMES

罗马：Via Condotti精品购物街开有精品店。

米兰：米兰大教堂La Rinascente百货开有精品店。

10 奢侈品 BURBERRY

罗马：Via Condotti精品购物街 、La Rinascente Piazza Fiume开有精品店。

米兰：Via Pietro Verri开有旗舰店。

带回家!特色伴手好礼!

纪念品

1 意大利时装香水

意大利拥有包括古驰、范思哲、芬迪、阿玛尼等的知名品牌，在世界时尚界中占有极高的地位。它们涉足的范围极广，不管是时装、香水还是皮包、饰物都能见到它们的身影。尤其是以典雅出名的意大利香水，其深远悠长的香味深受那些崇尚复古和传统的人们的喜爱。而一年一度的米兰时装周更是世界知名的时尚庆典，这里不同于巴黎的时尚和纽约的现代，独自显现出一种富有古典韵味的美。而意大利的时尚也成为一种标志，受到全世界的关注。

纪念品

2 首饰

意大利制作首饰的传统已经说不清要上溯到什么时候，不过维琴察的金匠们早在中世纪时期就名扬整个欧洲了。如今，在每年的1月中旬，世界上所有知名的首饰设计师都会齐聚到维琴察，参加这里的珠宝展示会。这就是意大利首饰精华表现的时候了，各种镶嵌着珠宝的黄金首饰令人眼花缭乱，同时从里面还能看出意大利珠宝创意至上、突出个性的特色，很多首饰全世界都只有唯一一件，不禁让人感叹设计师们的独具匠心。

纪念品

3 足球周边产品

足球是意大利人生命中绝对不可缺少的部分，他们热爱足球，也喜爱那些种类繁多的足球周边产品。意大利最为热烈的球赛当数意甲联赛，在拥有意甲球队的城市里有很多出售当地球队周边产品的商店。无论是球衣、球袜、围巾、帽子等，只要上面画着球队的标志，都是人们追捧的目标，甚至一些日常用品、装饰物和小玩具都画上了球队的吉祥物，让人一看就爱不释手。

纪念品

4 威尼斯玻璃工艺品

威尼斯的玻璃工艺自很久以前就已经十分成熟了。据说罗马帝国时期，在罗马人的餐桌上到处都摆满了威尼斯出品的玻璃酒杯，尤其是在威尼斯附近的穆拉诺岛（又称作玻璃岛），在这儿能看到无数色彩斑斓的玻璃制品，不仅有我们日常所使用的玻璃器皿，还包括挂件、饰物等精致的小玩意儿。

纪念品

5 梵蒂冈宗教纪念品

梵蒂冈位于意大利的包围之中，是世界上最小的国家，不过可别看它小，其中还是有不少值得一看的东西。首先这里作为教廷所在，出售各种宗教纪念品，包括十字架、念珠、圣母像等，有很多据说是经过教皇赐福过的，深受各方教徒的喜爱。此外，这里还是著名的邮票大国，与其他国家的邮票不同，这儿的邮票都用拉丁文书写，这在世界上是独树一帜的，而画面也大多为著名的圣经故事，绘画精美，具有很高的艺术与收藏价值。

纪念品

6 威尼斯面具

威尼斯面具是当地人传统文化的一种体现，可以说威尼斯人在日常生活中都离不开面具。18世纪以前，在威尼斯不论男女出门都会戴上这种面具。而各种化装舞会更是不能缺少这种面具。如今，在威尼斯街头到处都能买到这种面具，面具的材质从最廉价的纸到最贵的黄金应有尽有，而且每一种造型都代表着一个人物，有善良的好人，也有阴险的坏人。从这小小的面具中就能领略到威尼斯那深厚的文化。

纪念品

7 橄榄油

只要一谈起意大利美食，人们都会想起制作它们所必需的意大利橄榄油。自古以来意大利就是种植橄榄的大国，尤其是西西里岛上的橄榄更是其中的佳品，而用这种橄榄榨出的油更是以其细腻清香而深受人们的青睐。橄榄油因为含有多种营养物质，没有一般动植物油过多的饱和脂肪酸而被誉为“液体黄金”，无论是食用还是沐浴、按摩都有很好的功效，甚至还有防癌的作用。

纪念品

8 葡萄酒

意大利葡萄酒在世界上的知名度绝不亚于法国葡萄酒和葡萄牙葡萄酒。古希腊时，当地人就把意大利称为“埃娜特里亚”，即葡萄酒王国的意思。无论是在撒丁岛还是在西西里岛，到处都种植着大量的葡萄，用这种葡萄酿成的红酒味道醇厚，香味浓郁，而且根据酒的品质的不同还分成四个等级，从低到高分别为佐餐葡萄酒、产地葡萄酒、DOC酒和DOCG酒，这些酒在价格上有很大的差异。

纪念品

9 巧克力

意大利巧克力的产量位于世界前列，而意大利人嗜好吃巧克力也是很著名的。每年在意大利很多城市中都会举行和巧克力有关的各种活动。在意大利，费列罗是最著名的巧克力品牌，这家企业在世界巧克力产量中位列第三。费列罗的巧克力品种多样，每一种从选料到制作都一丝不苟，因此做出来的巧克力一直都保持着最佳的味道。

纪念品

10 奶酪

意大利奶酪是意大利美食中最常见的一种配料，无论是正宗的意大利面还是比萨中都能看到它们的身影。其中尤其以伦巴底奶酪最为知名，它是用当地产的牛奶制作而成，奶香味特别浓厚，而它最大的特点就是其中还掺入了当地特产的红酒，因此在奶的香味中还夹杂了一丝酒的醇厚味道，十分特别。

超IN！5天4夜计划书！

DAY 1

白天　罗马+梵蒂冈

作为意大利自古以来的政治文化中心，已有2500多年历史的罗马城内随处都可以看到历史悠久的古迹，宏伟的罗马圆形竞技场、记载古罗马荣耀的凯旋门、规模宏大的古罗马遗迹、华美的万神殿等，无不凝聚着罗马光辉的历史。作为世界上最小的国家，教皇居住的梵蒂冈城国一直是基督教世界最神圣的中心，穿过椭圆形的圣彼得广场就可来到全世界最宏伟的教堂——圣彼得大教堂，而梵蒂冈博物馆则收藏有无数珍贵的艺术品和古老书卷，是世界最著名的博物馆之一。

NIGHT 1

黄昏-晚间　越台伯河区

充满中世纪风情的越台伯河区的街巷上，随处可以看到小酒吧和餐馆，每到入夜后都是灯火辉煌，可体验到最平实的罗马夜生活。

DAY 2

白天 庞贝遗迹+那不勒斯

古罗马帝国时代的庞贝古城曾被维苏威火山突然喷发落下的火山灰掩埋在地底，如今经过考古发掘才得以重见天日，各种遗迹无不充满古罗马时代的风情。历史悠久的那不勒斯是意大利南部最大的城市，被称为阳光和欢乐之城，城内拥有皇宫、新堡、那不勒斯大教堂等大量古代建筑和精美的文物，可体验与罗马、米兰截然不同的意大利南部风情。

NIGHT 2

黄昏-晚间 米格勒古老比萨屋

那不勒斯的比萨口味独特，在那不勒斯观光之余可在黄昏时来到米格勒古老比萨屋，品尝新鲜出炉的双份奶酪比萨，别有一番风味。

DAY 3

白天 佛罗伦萨+比萨

被称为“花之都”的佛罗伦萨曾经是欧洲文艺复兴运动的发源地，在这座文化气息浓郁的城市还诞生了歌剧这门独特的意大利艺术。如今依旧保持着古罗马时期建筑格局的佛罗伦萨，最负盛名的景点就是美轮美奂的圣母百花大教堂，此外圣洛伦佐教堂、皮蒂宫、美第奇礼拜堂等都是建筑和艺术的精华。毗邻佛罗伦萨不远的比萨同样拥有悠久的历史，举世闻名的比萨斜塔就在这里。

NIGHT 3

黄昏-晚间 米开朗基罗广场

佛罗伦萨的米开朗基罗广场是游人在入夜后最喜欢光顾的地方，在这里可欣赏别致的街道夜景。

DAY 4

上午 威尼斯

威尼斯水城由118座大小不一的岛屿和177条交错的运河组成，无数小船穿行其中。岸边的圣马可大教堂、奇迹圣母堂、黄金宫、总督府、文德拉明宫、土耳其人仓库等，无一不是文艺复兴时期建筑艺术的经典之作，而大运河上的各种桥梁更是为这座水上城市点缀了数不尽的诗情画意。

NIGHT 4

黄昏-晚间 夜游大运河

乘坐刚朵拉小船夜游威尼斯大运河，可感受这座城市与白天截然不同的风光，两岸灯光点缀的建筑倒映在运河水面，充满梦幻般的光影效果。

DAY 5

上午 维罗纳+米兰

距离米兰不远的小城维罗纳因莎士比亚笔下浪漫悲情的《罗密欧与朱丽叶》而闻名，朱丽叶之家的阳台更是成为无数情侣膜拜爱情的圣地。被誉为世界时尚之都的米兰拥有世界第二大的教堂——米兰大教堂，而梦幻般的斯卡拉歌剧院则是全世界音乐家向往的舞台。在感恩圣母堂参观达·芬奇的旷世名作《最后的晚餐》后，不妨去圣西罗球场，体验意大利足球的激情魅力。

NIGHT 5

黄昏-晚间

前往米兰马尔彭萨国际机场，起程踏上归途

ITALY GUIDE

Italy

畅游意大利 1

罗马圆形竞技场

始建于公元72年的圆形竞技场记载了古罗马帝国的光荣，是罗马的象征与标志，自古以来就有“何时有圆形竞技场，何时就有罗马，当圆形竞技场倒塌之时，也是罗马灭亡之日”的说法，如今这里已经成为意大利的国家标志。

01 罗马议事广场

世界上最古老的议事广场

罗马议事广场在古罗马时期是整个罗马城的政治、文化和宗教中心，这里是世界上最古老的议事广场。这里仿佛一座露天的古罗马博物馆，到处都是古罗马时期的建筑和遗迹，即使是在今天，漫步在这座广场上依然可以感受到古罗马的繁荣和昌盛，让人有一种回到了古罗马时代的感觉，不知不觉地就沉迷到这种古典优雅的氛围中去。

TIPS

Via del Fori Imperiali　乘地铁B线至Colosseo站下
06-6990110　13.50欧元　★★★★★

看点01 雅密利亚大会堂

广场上最重要的建筑之一

位于罗马议事广场上的雅密利亚大会堂是当时最重要的建筑，是由著名的设计师雅密利亚所建。不过原建筑早在公元5世纪就被焚毁，如今人们只能从残留的柱础和大理石地板想象其过去的辉煌了。

看点02 佛卡圆柱

罗马广场的地标

佛卡圆柱位于罗马广场上，是为纪念拜占庭国王佛卡四世而建。这也是罗马广场上最后建起的建筑物。这根柱子高13.6米，使用了经典的科林斯式柱形，柱底是一个正方体的大理石基础，是罗马广场最著名的地标。

看点03 罗莫洛神殿

纪念罗马的创始者

罗莫洛神殿是罗马广场上大体保存完好的建筑之一，这是为纪念罗马城的创始者罗莫洛而建的。走进神殿，随处都能看到精美的壁画和漂亮的柱子，是广场上最漂亮的遗迹之一。

看点04 贞女神殿

守护圣火的女祭司居所

贞女神殿是那些侍奉在火神神殿中的女祭司们所居住的地方，她们都是从罗马贵族中选取的6～10岁的纯洁女孩，在这里看护着火神神殿中的圣火。

看点05 卡斯托尔与波吕克斯神庙

纪念赢得里吉洛斯湖战役

卡斯托尔与波吕克斯神庙也称双子座神庙，卡斯托尔和波吕克斯是宙斯和斯巴达王后丽达所生的孪生子。这座神庙是为了感谢赢得里吉洛斯湖战役（公元前495年）而建，如今神殿主体早已不复存在，只剩下三根石柱供人瞻仰。

看点06 农神神殿

通过祭祀农神来祈祷风调雨顺

农神神殿是古罗马最古老的神殿之一，始建于公元前497年。如今这里仅剩一些台基和柱子，据说某个台基下还有古罗马时期的金库。

看点07 朱利亚大会堂

古罗马的法院

朱利亚大会堂曾经是古罗马的法院所在地，同时也是古罗马人聚会发言的场所。如今这里也只剩下满目的地基和柱础，依稀还能从里面看出这里原有的形状和规模。

看点08 安东尼诺与法斯提娜神殿

皇帝安东尼诺夫妻的爱情故事

安东尼诺与法斯提娜神殿是公元141年罗马皇帝安东尼诺为了悼念亡妻法斯提娜所建，这座神殿的规模并不大，但是颇具艺术感。

看点09 塞提谬塞维罗凯旋门

广场上三大凯旋门之一

塞提谬塞维罗凯旋门是为了纪念罗马皇帝塞维罗和他的两个儿子卡拉卡拉与盖塔两次战胜波斯而修建。塞维罗凯旋门高23米，宽25米，有3个拱道，上面绘有很多描述皇帝父子三人英勇作战画面的浮雕。

看点10 君士坦丁教堂

广场上最庞大的建筑遗迹

君士坦丁教堂是罗马广场上规模最庞大的建筑遗迹，虽然主要建筑早已片瓦无存，但是光从剩下的三座巨大拱门就能想见当时的规模。这三座拱门高35米，高不可攀的拱顶上还留有古时的浮雕，极为精致。从中可以想象这里最初的规模到底有多大。

看点11 韦斯帕西亚诺神殿

纪念传奇的平民皇帝的建筑

韦斯帕西亚诺神殿是为纪念著名的平民出身的罗马皇帝韦斯帕西亚诺而建的，这座神庙历经岁月的洗礼，如今只剩下了三根柱子构成的巨大柱廊。从这些制作精良的石柱上还可以看出古罗马人手工艺的精湛，耳边仿佛还能听见这位传奇皇帝的一生功过。

看点 12 提图斯凯旋门 最典型的凯旋门

提图斯凯旋门是为了纪念提图斯征讨犹太人的功绩而建的。凯旋门上的浮雕是一大看点，其内容表现了提图斯的军队正抬着从耶路撒冷神庙里缴获的重要战利品黄金圣案、烛台和银喇叭，兴高采烈地回师的场景。

看点 13 元老院 罗马最高权力机关所在

元老院位于罗马广场的西侧，早在古罗马共和时期就是罗马的最高权力机关。这里曾经上演过无数悲欢离合的故事，凯撒就在这里被刺身亡。

02 君士坦丁凯旋门

纪念君士坦丁大帝的丰功伟绩

君士坦丁凯旋门是古罗马时期遗留下的三座凯旋门中建筑年代最近的一座，建于公元312年，是为了庆祝当时的罗马皇帝君士坦丁大帝击败敌人、统一帝国而建的。这是一座拥有3个拱门的凯旋门建筑，高21米，显得气势磅礴。其上下均雕刻着不少精美的浮雕，既有描写古代帝王安东尼、哈德良等人伟大功绩的，也有讲述君士坦丁大帝南征北战的文韬武略的，其中很多浮雕都是从其他罗马纪念建筑上取下来的，充满了早期罗马帝国的艺术风格。

TIPS

Piazza del Colosseo 乘地铁B线在Colosseo站下 ★★★★★

03 帕拉提诺山丘

罗马城最早的地址

TIPS

Via del Fori Imperiali 乘地铁B线至Colosseo站下 06-6990110 13.50欧元 ★★★★★

帕拉提诺山丘是罗马的7座山丘中位置最靠中央的一座，这座山并不高，海拔只有70多米，从山上往下看，罗马圆形竞技场和古罗马广场位于左右两侧。据说最早的罗马城就是建在这里，后来则成为罗马贵族们建造别墅的地方。如今这里还保存着大量的古罗马遗迹，其中塞提谬塞维罗皇宫和弗拉维亚宫是这里最著名的建筑，皇宫的花园和喷泉依旧在向人们展示着其独特的魅力。

看点01 马纳马特神庙

祭祀自然女神的神庙

马纳马特神庙也称丘贝蕾神庙，建于公元前204年，这是纪念小亚细亚地区自然女神的神庙。神庙内供奉着据称是女神化身的圣石，是在基督教诞生前罗马人重要的崇拜信仰。

看点02 利维亚之屋

帕拉提诺山上保存最为完好的建筑

利维亚之屋是帕拉提诺山上保存最为完好的建筑，这里是奥古斯都被封为皇帝之前和妻子利维亚的居所。

看点03 帕拉提诺博物馆

展示帕拉提诺山的丰富文物

帕拉提诺博物馆就位于帕拉提诺山上，这里展出的藏品都是发掘自这里的古罗马遗迹，有王宫中的豪华用具，也有各种造型精美绝伦的大理石雕塑，每一件都充满了古罗马人的奇思妙想。

看点04 弗拉维亚宫

帕拉提诺山上最宏伟的建筑

弗拉维亚宫是弗拉维亚王朝时期的图密善大帝所修建的王宫，整座王宫完全是用砖石建造，是帕拉提诺山上最宏伟的建筑，如今从这里的残垣断壁之间还能想象当时的帝王在这里君临天下的感觉。

04 罗马圆形竞技场 赏

意大利的标志

TIPS

Piazza del Colosseo 乘地铁B线至Colosseo站下 06-39967700 13.50欧元 ★★★★★

看过电影《角斗士》的人，肯定对里面那座气势磅礴的大竞技场有深刻的印象，而罗马圆形竞技场就是这座竞技场的原型。这里是整个意大利的标志，是古罗马文明的光辉代表。它的占地面积约2万平方米，最大直径为188米，最小直径为156米，可以容纳近9万名观众。在这里曾经上演过无数次的惊险角斗，有无数角斗士血洒竞技场，也有无数人在此疯狂呐喊。

05 圣彼得镣铐教堂 赏

供奉圣物的教堂

圣彼得镣铐教堂建于5世纪，历史上曾经多次翻修和扩建。因为供奉着圣经中传说的捆绑圣彼得的锁链镣铐而得名。走进教堂，会看到左右各有一排大理石圆柱，圆柱上方有圣物箱，那就是著名的圣彼得镣铐的所在。而教堂中最著名的还要数由著名雕塑家米开朗基罗所作的摩西雕像，整个雕像线条流畅，形象生动，充满了力量的美感。

TIPS

Piazza di San Pietro in Vincoli 4A 地铁B线至Cavour站下 06-4882865 ★★★★★

06 科斯美汀圣母教堂

赏

幽静的小教堂

科斯美汀圣母教堂就位于罗马市中心最大的广场威尼斯广场的一侧。这座建于6世纪的教堂并不是很大，和气势恢弘的圣彼得大教堂比起来，它就好像是一个从乡下来的小姑娘。但是这里的环境却相当幽静，教堂前还残留着罗马最古老的神殿——方特纳神殿的遗迹。教堂内则以科林斯式圆柱和拜占庭风格的镶嵌画为装饰，这也是意大利各教堂中内部装饰最漂亮的一处。

TIPS

Piazza Bocca della Verita' 18 特米尼火车站乘175号列车在Bocca della Verita站下 06-6781419 ★★★★★

真理之口

最古老的"测谎仪"

真理之口就位于圣母教堂的门廊口，这是原先罗马喷泉的一个水井盖，造型使用了海神的头部形象。乍看起来毫不起眼，但是这件大理石作品却有一个神奇的"功效"：作为测谎仪使用。据说将手伸入海神口中，如果说谎就会拔不出来，这更为这件作品增添了不少神秘色彩。

07 尼禄的黄金屋

暴君尼禄所建的宫殿

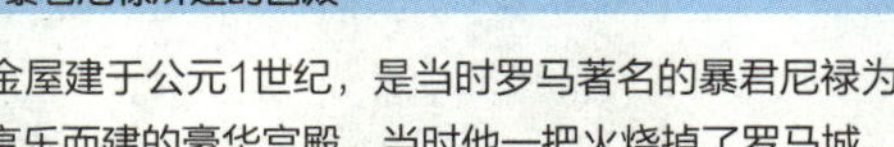

TIPS

Via della Domus Aurea 06-39967700 ★★★★

黄金屋建于公元1世纪，是当时罗马著名的暴君尼禄为了自己享乐而建的豪华宫殿。当时他一把火烧掉了罗马城，然后利用其中面积超过城市三分之一的部分来建造自己的这座奢华皇宫。据说里面的天花板都是用黄金包裹的，这也是黄金屋名字的由来。如今人们只能看到原先的地下室。即使是地下室，里面也到处是精彩的壁画和绚丽的装饰，能从其中窥见整座黄金屋华贵之一斑。

08 大竞技场

历史最悠久的竞技场

TIPS

Via del Circo Massimo 乘地铁B线至Circo Massimo站下 ★★★★

大竞技场是罗马诸多竞技场中历史最悠久的一座，也是最大的一座。据说在当时可以容纳30万名观众一起观看，远超过现在任何一座体育场馆。在凯撒统治时期，这里就进行过无数场马拉车大赛，甚至他还令人在这里灌满了水，进行模拟海战表演。如今这里早已是绿草如茵，众多游人在这里悠闲漫步。历史仿佛就在人们的身边一样，每一处残垣断壁和漂亮的柱础都在述说着这里当年的壮美景观，令人遥想当年万马奔腾的雄壮气魄。

09 罗通多圣斯蒂法诺教堂

形状极具特色的教堂

罗通多圣斯蒂法诺教堂是罗马城内最具特色的教堂，首先它有别于其他教堂方方正正的造型，而是通体呈圆形，在东南西北四方各设有一个突出的副堂，这使得它的造型好似一个十字架，这造型的灵感就来自于耶路撒冷的圣墓大堂。据说之所以要设计成圆形，主要是为了供奉这里的圣人们，在教堂中供奉着圣司提反和伊什特万一世等圣人。

TIPS

Via di Santo Stefano Rotondo, 7, 00184 Roma 06-42119130 ★★★★

10 圣克莱门特教堂 赏

每一层年代各不相同的教堂

圣克莱门特教堂是罗马最富特色的教堂之一，这座教堂从上到下共分作3层，不过这3层建筑并不是同一个时期所建的。最底层的密特拉神殿建于公元前1世纪，是这里年代最久远的部分，当时基督教还没有诞生，这里供奉的是密特拉教主神密特拉的神像。而地下一层的建筑则建于公元4世纪，拥有一些早期的基督教遗迹。最上层的地上建筑则建于公元12世纪，这里面有十分知名的马赛克壁画，其内容多为描写各种植物和动物，制作十分精细，是这里最大的看点。

TIPS

Via San Giovanni in Laterano ☎06-7740021

★★★★

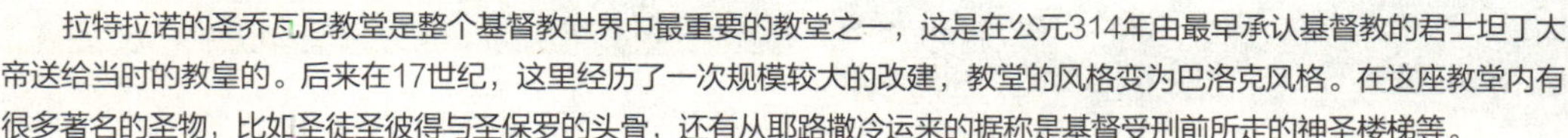

11 拉特拉诺的圣乔瓦尼教堂 赏

基督教世界中最重要的教堂之一

拉特拉诺的圣乔瓦尼教堂是整个基督教世界中最重要的教堂之一，这是在公元314年由最早承认基督教的君士坦丁大帝送给当时的教皇的。后来在17世纪，这里经历了一次规模较大的改建，教堂的风格变为巴洛克风格。在这座教堂内有很多著名的圣物，比如圣徒圣彼得与圣保罗的头骨，还有从耶路撒冷运来的据称是基督受刑前所走的神圣楼梯等。

TIPS

Piazza San Giovanni in Laterano 4 乘地铁A线在S.Giovanni站下

★★★★

12 卡拉卡拉浴场

功能齐全的古代浴场

TIPS

Via delle Terme di Caracalla 52 乘地铁B线到Circo Massimo站下 06-39967700 6欧元 ★★★★

卡拉卡拉浴场建于公元212年，是当时的罗马皇帝卡拉卡拉下令兴建的。当时是罗马人聚集、娱乐、休闲的一个胜地，如今则成为人们参观访古的好地方。走进这座浴场，会被这里完备的设施和建筑吓一跳，其中大浴场就占地3万多平方米，旁边还有图书馆、竞技场、散步道、健身房等各种辅助设施，浴场还分为冷水、温水、热水浴室和蒸汽室及更衣室等，让人不由得感叹当时罗马人生活的奢华。

13 阿皮亚古道公园

赏

罗马最早的道路

俗话说“条条大路通罗马”，意思就是说在罗马帝国时期，全欧洲任何一条大路最后都能通往罗马。而这些大道中阿皮亚古道无疑是其中最古老的一条，是在公元前312年由罗马执政官阿皮乌斯克劳狄下令修建的。这条大道使用石头和灰浆铺成，工艺极为精巧，石头和石头之间严丝合缝，堪比大自然的鬼斧神工。

TIPS

Via Appia Antica 58 威尼斯广场乘Via Appia Antica站下 06-51301580 6欧元 ★★★★

圣卡利斯托地下墓穴

阿皮亚古道边最大的墓穴

圣卡利斯托地下墓穴是阿皮亚古道沿途众多地下墓穴中最大的一处，它从上到下共分4层，里面道路纵横，密如蛛网，好像一处地下宫殿一般。人们可以通过建造于公元4世纪的阶梯下到墓穴之中，这里埋葬着包括教皇在内的10万人的骨骸。

ITALY GUIDE

Italy

畅游意大利

2

罗马共和广场

历史悠久的共和广场是古罗马帝国时期迪欧克雷济安诺大浴场的遗迹所在地，广场周围有众多不同时代、不同风格的建筑。

01 共和广场

天然的建筑博物馆

共和广场是罗马著名的城市旅游景点之一，它以四周众多不同风格的建筑艺术作品而闻名。这里历史悠久，可以追溯到古罗马帝国时期，曾是赫赫有名的迪欧克雷济安诺大浴场的遗迹所在地。现在的共和广场比以前面积小了很多，除了部分空地外，其他地方都兴建了各种建筑，其中最著名的当数米开朗基罗设计建造的天使圣母玛利亚教堂。

Piazza della Repubblica 乘地铁A线在Repubblica站下

★★★★★

02 天使圣母玛利亚教堂

米开朗基罗的晚年杰作之一

天使圣母玛利亚教堂是共和广场上的标志性建筑，它是由一代艺术大师米开朗基罗在85岁时所设计的，并在18世纪由凡维特尔改建成现在的模样。这座教堂建筑于迪欧克雷济安诺大浴场的入口处，它的大门是以古罗马的万神殿为蓝本建造的，气势雄伟壮观。

Piazza della Repubblica 乘地铁A线在Repubblica站下

★★★★

03 大圣母玛利亚教堂

罗马最大、最华美的教堂之一

大圣母玛利亚教堂是罗马的四大教堂之一，它的历史可以追溯到古罗马帝国时期，迄今仍在当地的天主教徒中占有很高的地位。这座教堂结合多种建筑艺术风格，它的中殿建于5世纪，是典型的古罗马式建筑，而教堂的钟楼则是哥特式建筑的代表作，位于左侧的保利纳小教堂深得巴洛克艺术风格的精髓。

TIPS

Piazza di Santa Maria Maggiore 42 乘地铁A、B线在Termini站下 06-4881094 ★★★★★

＊钟楼 大圣母玛利亚教堂的制高点

建于13世纪后期的钟楼是大圣母玛利亚教堂中最为引人注目的景点，它也是这个教堂的最高的建筑。这座钟楼高大笔直，墙壁上有不少精美的雕刻，既有几何图形和线条，也有各种惟妙惟肖的图案。

04 Andrea海鲜老店 吃

罗马知名的海鲜料理老店

位于威尼托街上的Andrea海鲜老店创立于1928年，迄今已经传承三代，拥有近百年的历史，是罗马一家颇为知名的海鲜料理老店。可在这里享用海鲜意大利面等美味，每天在店内用餐的食客中不乏专程前来品尝的游客。

TIPS

Via Sardegna 28 乘地铁A线在Barberini站下 06-4821891 ★★★★★

05 马西莫宫博物馆 赏

意大利国家级艺术展馆

马西莫宫博物馆是罗马国家博物馆的分馆之一，它以收藏众多的艺术作品而闻名。这个博物馆里展出了很多雕塑艺术作品，有许多都是古罗马时代的珍品，当然也不乏近现代艺术家们的经典之作。马西莫宫博物馆里最著名的当数那座没有双手的奥古斯都雕像，它的雕刻精美，再现了这位伟大帝王年轻时的英姿。

TIPS

Largo di Villa Peretti 67 乘地铁A、B线在Termini站下 06-39967700 7欧元 ★★★★

06 四泉圣嘉禄堂

华美的巴洛克式教堂

四泉圣嘉禄堂是罗马城中一座著名的教堂，它拥有华丽的巴洛克风格，吸引了无数游人的目光。这座教堂的外墙处竖立着多根科林斯式石柱，圆柱中夹杂着壁橱、窗户与各式雕刻，它们的造型精美，让人赞叹不已。四泉圣嘉禄堂的大殿里有着空灵的气息，里面还有圣嘉禄·鲍荣茂、圣若望·玛达等著名人物的雕像。

TIPS

Via del Quirinale, 23, 00187 Roma 06-4883261 ★★★★

07 胜利圣母教堂 赏

富有特色的巴洛克式教堂

胜利圣母教堂建于17世纪早期，它比不上那些有着雄伟壮观风格的哥特式教堂和装饰华美的大型巴洛克式教堂，但它也拥有着吸引游人目光的独特之处。这座教堂里最为引人注目的是那尊著名的《圣德兰之狂喜》雕塑，它的造型精美，充满着神圣感。

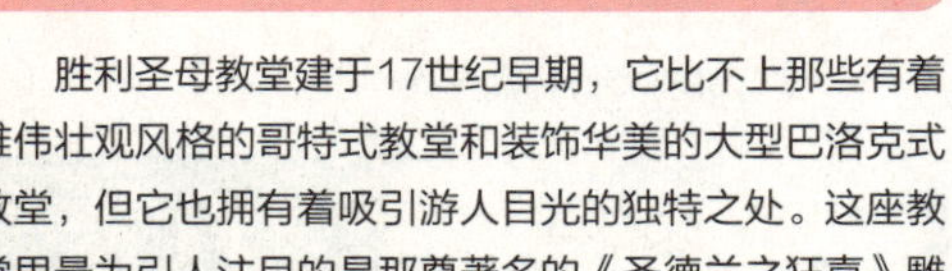

TIPS

Via XX Settembre 17 乘地铁A线在Repubblica站下 06-4826190 ★★★★

08 巴贝里尼广场

充满巴洛克艺术氛围的广场

逛

TIPS

Piazza Barberini　乘地铁A线在Barberini站下

★★★★★

巴贝里尼广场是罗马著名的市区广场，它建立于16世纪，是为了纪念巴贝里尼教皇而得名的。这个广场的周围拥有很多华美的建筑，其中包括大名鼎鼎的巴贝里尼宫，意大利的国家古代艺术馆就设在那里。这座广场上还有一处喷泉景观，在炎炎的夏日里能够带来一丝清凉的气息。

蜜蜂喷泉

历史悠久的喷泉

蜜蜂喷泉是巴贝里尼广场上的核心景观，它建于16世纪，是因基座上雕刻着巴贝里尼教皇的家族徽章——蜜蜂而得名。这座喷泉一年四季都在喷出清凉的水花，并会根据气候的变化而有所改变，是罗马城中著名的一景，也是合影留念的好地方。

09 威尼托街

罗马最著名的购物街

逛

TIPS

Via Veneto　★★★★★

威尼托街是罗马著名的旅游街，那里店铺林立，是一个集购物、旅游、观光、休闲等多功能于一体的好地方。沿着这条道路前行可以看到不同时代的建筑，在位于缤乔门的起点处，可以看到中世纪所建的雄伟城墙，而附近的那些现代化的高楼大厦与其形成了鲜明的对比。

10 巴贝里尼宫国家古代艺术馆

赏

意大利著名的艺术展馆

巴贝里尼宫国家古代艺术馆是由著名的巴贝里尼宫改辟而来的，里面展出着巴贝里尼家族收藏的众多艺术作品，具有很高的艺术欣赏价值和文物收藏价值。这座宫殿本身也是建筑艺术的佳作，华美的巴洛克风格，让过往的游人眼界大开，各种精美的装饰将这里渲染得美轮美奂。巴贝里尼宫国家古代艺术馆里收藏了众多12～18世纪的艺术佳作，其中就有拉斐尔、卡拉瓦乔等大师的真迹。

TIPS

Via delle Quattro Fontane 乘地铁A线在Barberini站下 06-4824184 5欧元 ★★★★★

11 无垢圣母玛利亚教堂

罗马最恐怖怪异的景观

TIPS

Via Vittorio Veneto 乘地铁A线在Barberini站下 06-4871185 ★★★★

建于1626年的无垢圣母玛利亚教堂是为红衣主教安东尼奥·巴贝里尼所建，同时由教皇亲自奠定基石，充满荣耀。外观由红砖和白色立柱打造而成的无垢圣母玛利亚教堂，内部装饰了大量壁画和浮雕，在地下墓穴内的骸骨礼拜堂被称为罗马最恐怖、最怪异的景观。

* 地下墓穴

罗马最恐怖的礼拜堂

无垢圣母玛利亚教堂地下的墓穴里，有一座由4000位修道士遗骸装饰而成的骸骨礼拜堂，被称为罗马最恐怖、最怪异的景观。

12 许愿池

罗马最著名的喷泉

许愿池始建于17世纪30年代，它拥有华美的巴洛克风格，是罗马城的象征之一，并通过电影《罗马假日》而广为人知。这座喷泉的中央处有一座高大的海神雕像，它的气势雄伟，四周还环绕着其他海中神灵，每座雕像的神情姿态各不相同，具有很高的艺术价值。许愿池还有很多有趣的传说故事，游客们可在此抛掷硬币许下愿望。

TIPS

Piazza di Trevi　乘地铁A线在Barberini站下

★★★★★

13 奎里纳尔山

罗马城的七山之一

TIPS

Piazza Montecavallo　★★★★★

奎里纳尔山是罗马城区7座山丘中最高的一座，它也是罗马帝国的发源地之一，在历史上占有重要地位。意大利的总统府也坐落在这个山丘上，因而吸引了众多游客来此参观。来到奎里纳尔山不但可以欣赏到结构优美的奎里纳尔宫，还能俯瞰罗马众多美景，将它们一一铭记在脑海中。

奎里纳尔宫

意大利的总统府

奎里纳尔宫始建于1574年，用了一百多年才竣工，先后成为天主教皇的行宫和意大利王室的王宫，在1946年被辟为意大利的总统府。这座宫殿建筑具有雄伟壮观的气势，各种细节装饰也十分精美，里面还收藏了很多珍贵的艺术作品，事实上也是著名的博物馆。

ITALY GUIDE

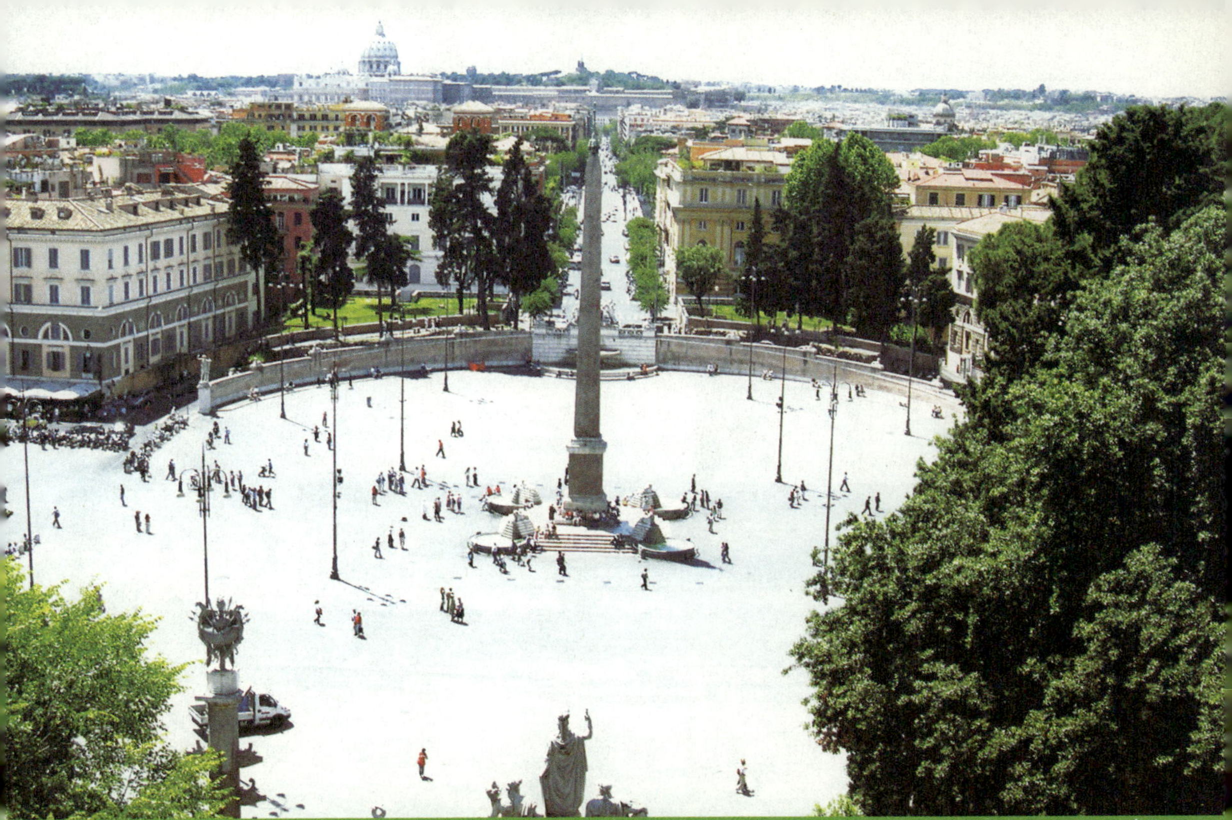

Italy

畅游意大利

3

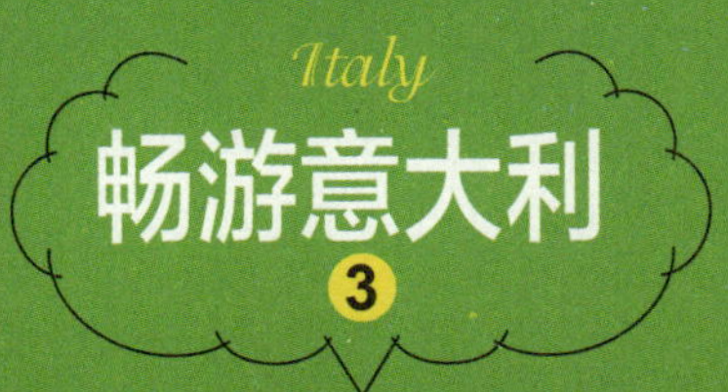

罗马人民广场

人民广场是罗马最著名的广场之一，广场正中矗立的埃及方尖碑颇为醒目。人民广场自古以来就是外来者进入罗马的必经之路。

01 人民广场

罗马著名的广场之一

人民广场是罗马最著名的广场之一，它得名于位于广场东北角的圣玛利亚教堂背后的一棵白杨树。这处广场呈椭圆形，在广场的正中矗立着一座高高的方尖碑，是这座广场最显眼的标志。这座方尖碑高23.2米，建于公元前1300年，是公元前10年罗马皇帝远征埃及时从埃及抢来的文物。同时，靠近人民广场北边的波波洛门，很多外来的游客都是通过这里进入罗马城的，因此无论在什么时代，这里都是一处重要的地方。

TIPS

Piazza del Popolo 乘地铁A线在Flaminio站下 ★★★★★

波波洛门 出入罗马的重要大门

波波洛门位于人民广场的北侧，是人们进出罗马的重要通道，包括歌德、拜伦、济慈这些拥有赫赫声名的人物，进入罗马时也都从这座城门中通过。17世纪时为了迎接瑞典女王的访问，还特地由著名的建筑师贝尔尼尼在门的内侧刻上了“祝你旅途如意”的字样。

---

02 品齐欧公园

观看落日的最佳地点

品齐欧公园坐落于人民广场东侧的品齐欧山上，在这里可以俯瞰罗马西半部的城市街景，风景十分优美。而到了傍晚时分，这里更是会聚集无数男女老少，他们到此正是为了观赏罗马城最迷人的落日场景。品齐欧公园的落日是最出名的，红红的夕阳会慢慢地沉入到圣彼得大教堂那巨大的圆顶后面去，将整个教堂染上一片鲜艳的红色。

Viale Gabriele D ' Annunzio, 00187 Roma ☎06-67103238 ★★★★

03 Antica Enoteca di Via della Croce

罗马最老的酒吧

Antica Enoteca di Via della Croce可以说是罗马历史最悠久的老牌酒吧了，这家酒吧开业于1842年，至今已经营了170多年。在漫长的历史时光中，这里迎来送往了不知道多少顾客，而这座酒吧本身却保持了最古老的状态。在这里有很多老顾客，他们都是数十年如一日地在这家酒吧喝酒聊天，让人感受到普通罗马人爽朗好客的一面。此外，这里的美酒佳肴都很合人口味，尤其是这里的烤牛肉，肥而不腻，鲜而不老，让人入口难忘。

Via della Croce 76 乘地铁A线在Spagna站下 06-6790896 ★★★★

04 Antico Caffe Greco

颇具文艺复兴风格的咖啡店

TIPS

Via Condotti 86 乘地铁A线在Spagna站下 06-6791700 ★★★★

Antico Caffe Greco开业于1760年，这座250多年的老牌咖啡店曾经见证过不少著名的艺术家和文学家在这里冥思苦想。店内的布置十分具有古典艺术感，随处可见大理石雕塑和精美的油画，就好像直接从文艺复兴时代里走来。墙上还挂着不少历史名人和各个时期的剪报，从中还能见到很多历史事件的报道，让人觉得自己仿佛身处于历史场景之中。

05 希腊咖啡馆

迎来过无数著名人物的咖啡馆

希腊咖啡馆就位于西班牙广场对面，这家咖啡馆开业于1750年，是当时一位居住在罗马的希腊人开办的，曾经是罗马城内最大的咖啡馆。走进咖啡馆一落座，这里的服务生就会递给你一张写着曾经来过这里的名人的名单，上面有尼采、叔本华、雪莱、拜伦、济慈、歌德、狄更斯等，让人一下有了和这些赫赫有名的人物身处一室的感觉。

Via Condotti 86 乘地铁A线在Spagna站下 06-6791700 ★★★★★

06 圣山圣母教堂和奇迹圣母教堂

感受双子教堂的异样风情

TIPS

Via del Babuino, 198, 00187 Roma 乘地铁A线在Spagna站下 06-3610594 ★★★★★

圣山圣母教堂位于人民广场上，由于和并排着的奇迹圣母教堂外观极为相似，所以它们也被人们昵称为“双子兄弟”。这座教堂是1675年修建的，在它建成之前，这里也有一座叫做圣山圣母堂的教堂。这里的圣山就是指在以色列的迦密山。这座教堂先后由三位艺术大师设计主持修建，因此各个部分都呈现出不同的艺术特征，但是它们却能和谐地结合在一起，这正是这座教堂的特色所在。从1951年开始，这里每年10月都会举行一次艺术家弥撒，为艺术家们祈祷。

奇迹圣母教堂

贝尔尼尼的弟子所设计的教堂

奇迹圣母教堂就在圣山圣母教堂旁边，这两座教堂几乎是同一时间修建的，外形也几乎一模一样，只是在一些细节上有一些差异。教堂的名字来自于供奉在这里主祭台上的圣母像，据说这座雕像曾经显圣过，所以深受当地教徒的崇拜。

07 波波洛圣母堂

罗马收藏各种艺术品最多的教堂

TIPS

Piazza del Popolo 乘地铁A线在Flaminio站下 ★★★★★

波波洛圣母堂位于波波洛门一侧，这是罗马收藏各种艺术品最多的一处教堂。这里既有著名画家卡拉瓦乔的名画《圣彼得受难》，也有著名雕刻师贝尔尼尼的作品，就好像一处宗教艺术博物馆，吸引着八方游客。这座教堂还分有8个小礼拜堂，其中最著名的当数奇吉礼拜堂，礼拜堂内左右两边是两座对称的金字塔形墓碑，是奇吉死后人们为他修建的。在墓碑后方是贝尔尼尼的著名雕塑《哈巴谷和天使》。

08 西班牙广场

《罗马假日》中的著名场景

西班牙广场因附近的西班牙大使馆而得名，建于1495年。这里与罗马其他地方显现出了不同的氛围，围绕着广场有很多英式的咖啡馆与茶馆，还有不少法式的建筑和装饰，特别是通往山上圣三一教堂的法国阶梯更是被著名的电影《罗马假日》收入其中，成为世人皆知的景点。因此，这里也就成为雪莱、济慈、拜伦等著名文学家的流连之地，也是肖邦、比才、李斯特等艺术家寻找灵感的所在。如今各地的青年男女都会来到这里逛上一番，体验一下《罗马假日》中的浪漫情感。

TIPS

Piazza di Spagna　乘地铁A线在Spagna站下

★★★★★

破船喷泉

西班牙广场的标志

破船喷泉是西班牙广场的标志，这处喷泉出自著名的巴洛克建筑大师贝尔尼尼的父亲之手。整个喷泉的造型被打造成一艘破船的模样，水流先从破船内流过，最后再喷出来，形成别样的风情。同时因为喷泉造型十分显眼，也就成为人们相约见面的首选地点。

09 奥古斯都墓

第一座建造于罗马城中的皇帝陵墓

奥古斯都墓位于罗马的战神广场之上，是古罗马帝国第一位皇帝奥古斯都的陵墓。它建于公元前31年，它的建造打破了罗马人不在城市中进行殡葬的传统。这座陵墓本身是由多个同心圆底座构成，最大的一环直径达88米。底座之上是陵墓主建筑，这是用火山灰制成的混凝土筑成的，在建筑前还竖立着一座高大的奥古斯都铜像。

TIPS

Lungotevere in Augusta, 18, 00186 Roma ★★★

10 济慈-雪莱纪念馆

纪念两位伟大的浪漫主义诗人

济慈和雪莱都是著名的英国浪漫主义诗人，他们生前一直都是关系密切的好友，共同因为国内保守势力的迫害而被迫流亡到意大利。当济慈去世后，他的故居就被开辟成为济慈-雪莱纪念馆，如今这里是文学爱好者们来到罗马必去的地方。在这里除了能看到济慈、雪莱的生平介绍以及他们的手稿外，还能看到另一位大作家拜伦的手稿、书信和照片等丰富的资料。来一座纪念馆就能和三位大师做零距离接触，无论是不是文学爱好者，都是极为值得的。

Piazza di Spagna, 26, 00187 Roma ☎06-6784235 ★★★

11 圣三一教堂

赏

著名的哥特式教堂

从西班牙广场向后，通过西班牙台阶走上山，山顶就是著名的圣三一教堂。这座教堂是法国人在1495年所建，和罗马其他教堂那华美的巴洛克风格不同，这座教堂明显带有哥特式的风格，那简约流畅的线条和高大的尖塔是其最明显的标志。在教堂前有一座方尖碑，这是于1789年从罗马的萨卢斯特花园移到此地的，是著名的埃及方尖碑的复制品。在教堂内有不少米开朗基罗的弟子沃尔泰拉所绘制的宗教壁画，其中最著名的当数《基督落架》、《圣母升天》等。

TIPS

Via Sistina, 91, 00187 Roma ★★★★★

ITALY GUIDE

Italy

畅游意大利

4

罗马纳沃纳广场

椭圆形的纳沃纳广场被誉为罗马最漂亮的广场之一，广场四周林立着众多古罗马风情的老建筑，而广场正中的四河喷泉则是贝尔尼尼的得意之作。

01 纳沃纳广场 逛

建筑大师设计的广场

TIPS

Piazza Navona 乘70、81、90、492号公共汽车在Corso di Rinascimento站下 ★★★★★

说纳沃纳广场是罗马最漂亮的广场，一点也不为过。这座椭圆形的广场从外观上看就好像一座椭圆形的竞技场，周围到处是充满古罗马风情的老式建筑，吸引着来自世界各地的游客。广场上的几座喷泉是这里最大的特色，无论是南端的莫罗喷泉还是位于中心的四河喷泉，都出自罗马最著名的设计师贝尔尼尼之手，精美的装饰都很吸引人的眼球。在广场的西边还有一座圣阿涅塞教堂，这座教堂是出自著名的设计师博罗米尼之手，教堂旁边则是教皇英诺森十世的宫殿潘菲利宫。

四河喷泉

广场上最知名的景点

四河喷泉是纳沃纳广场上最知名的景点之一，这座喷泉由著名设计师贝尔尼尼所设计建造。其中四河是指当时人们所知的四条大河——多瑙河、尼罗河、恒河与拉普拉塔河，它们被描绘成四个老人的形象，簇拥在象征着天主教的尖塔周围，代表天主教在全世界的传播。此外，喷泉周围还有不少动物形象的雕塑，使整个喷泉显得活泼而富有情趣。

02 百花广场

活泼热闹的广场

百花广场就位于纳沃纳广场旁，早在15世纪时，这里就是罗马的中心地带。在广场周围的各个街区被划分成为不同生意的经营区，同时这里也是古代处决犯人用的刑场。著名的科学家、哲学家布鲁诺就是因为被教会定为异端而在这里处以火刑的，如今在广场正中还竖立着他的铜像。如今的百花广场早已被各种香气和人们热闹的声音所包围，随处都能见到出售蔬菜、肉类和鲜花的商店，能感受到最普通的罗马人的日常生活。

TIPS

Campo dei Fior ★★★★

03 Da Baffetto

罗马最好吃的比萨店

Da Baffetto毗邻纳沃纳广场，号称罗马最好吃的比萨店。和意大利大多数比萨店一样，由于制作比萨的工序问题，这些店家大多都在晚上营业。不过一到下午，走过这家店的人都会被店前排起的长长人龙吓一跳。这家店一向以物美价廉而为人们所称道，这里的比萨饼都是传统的罗马薄皮型，是用古老的烧柴的火炉烤制而成，因此在香气四溢的饼中还带有一丝淡淡的木炭香味。咬上一口，立马会觉得排多长的队都是值得的。

TIPS

Via del Governo Vecchio 114 乘64、70、81号公车在Vittorio Emanuelle II站下 06-6861617 ★★★★★

04 阿果内的圣阿格尼斯教堂

两位建筑大师相互竞争的产物

圣阿格尼斯教堂就位于纳沃纳广场上，和四河喷泉遥遥相望，建于17世纪。是当时深受教皇英诺森十世所钟爱的巴洛克风格大师博罗米尼所设计建造。这座教堂是为了供奉在此殉难的圣女阿格尼斯所建，是巴洛克风格的经典建筑。由于博罗米尼和贝尔尼尼两位大师是著名的竞争对手，所以教堂和不远处的四河喷泉也颇有渊源。据说四河喷泉中代表拉普拉塔河的雕像双手上举，就是贝尔尼尼嘲讽这座教堂岌岌可危而要托住它。这一有趣的故事也为两者增添了不少看点。

TIPS

Piazza Navona　06-68192134　★★★★

---

05 方契斯的圣路易教堂

法国在罗马的国家教堂

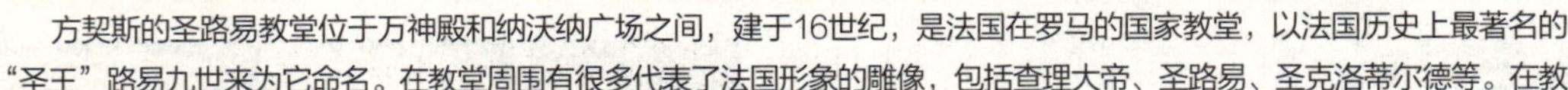

方契斯的圣路易教堂位于万神殿和纳沃纳广场之间，建于16世纪，是法国在罗马的国家教堂，以法国历史上最著名的“圣王”路易九世来为它命名。在教堂周围有很多代表了法国形象的雕像，包括查理大帝、圣路易、圣克洛蒂尔德等。在教堂内收藏着著名的画家卡拉瓦乔创作的马太三部曲，即《圣马太蒙召唤》、《圣马太与天使》和《圣马太殉教》，代表了法国艺术的最高成就。此外这座教堂作为法国高级神职人员和侨民的墓地，也安葬着不少红衣主教和法国著名人物。

TIPS

Via Santa Giovanna d’ Arco　06-6833818　★★★★★

06 万神殿

罗马建筑艺术的巅峰

TIPS

Piazza della Rotonda　乘地铁A线在Spagna站下

06-68300230 ★★★★★

万神殿是罗马建筑艺术的巅峰之作，连伟大的艺术家米开朗基罗见到这一建筑以后都不禁感叹说，这是“天使的设计”，而它的造型也为后世很多建筑所沿用。万神殿建于公元120年，是至今唯一一座保存完好的罗马帝国时代的建筑。它的外表规整，拥有由数十根科林斯式石柱构成的柱廊。走进万神殿，会发现里面没有一根柱子，顶上开有一个圆孔，自然光从里面洒下来，使室内更显得庄严而肃穆。殿内供奉着古罗马历史上各个著名人物和神明的塑像，是罗马数一数二的伟大建筑。

07 Giolitti

连教皇都喜爱的老字号雪糕店

吃

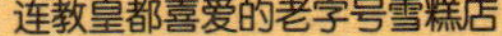

Giolitti是一家已经经营了百多年的老字号雪糕店，在整个意大利都声名远播，甚至连教皇都非常偏爱这里的雪糕口味。店内的雪糕品种多样，既有延续了一百多年的古老口味，也有适合当下年轻人喜好的新潮味道，男女老少，到这里都能买到自己心仪的雪糕。其中Coppa Giolitti是一种自1920年就已经开始销售的雪糕品种，而Coppa Olimpica更是为了迎接1960年罗马奥运会而推出的产品。至今这里依然门庭若市，无论是来自世界各地的游客还是当地的居民，都会来排队选购，有时还能看到附近的神职人员和议员的身影。

TIPS

Via Uffici del Vicario 40　乘地铁A线在Barberini站下

06-6991243 ★★★★

08 斯巴达美术馆

大主教的丰富收藏

斯巴达美术馆的前身斯巴达宫，是在17世纪时一场罗马富人们举办的建筑大赛中脱颖而出的杰出作品。这是一座典型的巴洛克风格建筑，无论是豪华的宫殿还是优雅的花园，都很具艺术感。而斯巴达美术馆就位于这座宫殿的花园一侧，里面陈列的艺术品都是17世纪时的枢机主教斯巴达所珍藏的，其中有不少法兰德斯画派的画作和古罗马时期的雕塑品。无论你是不是艺术爱好者，这里都值得一看。

Piazza Capo di Ferro, 3, 00186 Roma
06-6861158 ★★★★

09 Papa Giovanni

吃美味松露做成的经典意大利菜

意大利菜素有“西餐之母”的美誉，而位于罗马的Papa Giovanni则是意大利最著名的餐厅之一，曾经多次入选意大利十大餐厅之列。这里经营的都是地道的意大利菜，每一位主厨都深通意大利菜的精髓。这家店最擅长的就是利用被称作欧洲美食“三大天王”之一的松露来做菜，做出的菜肴色香味俱佳，让人吃上一口就大快朵颐。同时，这家店还拥有自家的酒窖，其中珍藏着很多出色的红酒，只有好酒配上好菜，才能品出意大利料理的精华来。

TIPS

Via dei Sediari 4 乘86、117号公共汽车在Corso di Rinascimento下 06-6865308 ★★★★

10 法尔内塞宫

法国驻意大利大使馆

法尔内塞宫是目前的法国驻意大利大使馆，这是一座文艺复兴时期的建筑，是1517年由当地的法尔内塞家族所设计兴建的，据说在这座建筑长长的设计师名单中，还包括米开朗基罗等举世闻名的大师。因此这座汇集了多位大师心血结晶的建筑，也就成了罗马最重要的文艺复兴建筑。在法尔内塞宫内有16世纪末所绘制的长长的连环壁画《The Loves of the Gods》，反映出了当时巴洛克风格和古典主义的激烈碰撞。此外，这里还收藏有不少精美的雕塑和绘画，很多都出自名家之手。

TIPS

Piazza Farnese, 67, 00186 Roma
★★★★

11 瓦烈的圣安德烈教堂

罗马第二大穹顶

瓦烈的圣安德烈教堂建于17世纪，虽然不是什么大师的名作，但是走进这座教堂立刻就会被里面精美的壁画和金碧辉煌的装饰所震撼。高达80米、直径16米的大穹顶是罗马城中第二大的穹顶，站在穹顶下仰望，整个人都变得渺小起来。此外，这里满眼都是各种精美壁画，天花板上、墙上、柱子上，让人目不暇接，内容涵盖了《圣经》中的各种神奇故事，简直像一座艺术馆。而且这里的光源都是自然光，在自然光的照射下所有的画更显出一种神圣感。

TIPS

Piazza Vidoni, 6, 00186 Roma 06-6861339

★★★★

12 密涅瓦的圣母教堂

赏

罗马唯一的哥特式教堂

TIPS

Piazza della Minerva 06-6793926 ★★★★★

密涅瓦的圣母教堂可以说是罗马唯一的一座哥特式教堂，因为它建造在原来的密涅瓦神殿的基础之上，所以得此名。在这座教堂里到处充满了艺术感，各种名家大师所描绘的壁画让人眼花缭乱，其中著名画家菲利皮诺·里皮所描绘的《受胎告知》、《圣母升天》等画作是这里最著名的作品。在教堂北侧还有不少名人的墓地，其中包括教皇利奥十世和克莱门特七世，他们都出自这里的美第奇家族。

13 国立罗马博物馆

赏

世界级的艺术珍藏

国立罗马博物馆是世界著名艺术博物馆，于1889年由米开朗基罗建在戴克里先皇帝浴场修复的一所遗迹内。博物馆主要分为五个部分，阿特姆彼斯宫是其中的一个重要部分，靠近纳沃纳广场，主要收藏着从原本的迪欧克勒提安浴室馆中移过来的各种壁画、雕塑等易损坏的珍品。这些都是发掘自罗马周边，其中最著名的当数路德维希主教所用的路德维希王座，上面精细地雕刻着希腊神话中维纳斯诞生时的场景，雕工极为精美。此外，这里还有很多希腊式雕塑和绘画。

TIPS

Piazza di Sant' Apollinare, 44, 00186 Roma 06-6833566 ★★★★★

ITALY GUIDE

Italy

畅游意大利

5

罗马威尼斯广场

位于罗马市中心的威尼斯广场是罗马规模最大的城市广场，有五条市内主要干道在这里交会，是罗马市内最繁华热闹的地方。

01 威尼斯广场 逛

罗马车流和人流的汇集地

TIPS

Piazza Venezia / Via del Plebiscito 118　乘地铁B线在Colosseo站下 ★★★★★

威尼斯广场位于罗马市中心，这是罗马最大的广场，市内五条主干道在这里交会，一向是车流和人流的汇集地。在广场的正中就是著名的威尼斯大厦，因为造型的缘故，人们也将这座大厦昵称为“结婚蛋糕”或是“打字机”。在威尼斯大厦的台阶下有两处喷泉，分别象征意大利国土两侧的第勒尼安海与亚得里亚海。

看点01 祖国祭坛

纪念意大利统一的标志

祖国祭坛位于威尼斯广场南侧，是一座由白色大理石建成的建筑。这是意大利统一的纪念和象征，也是为了纪念意大利的开国国王艾曼纽二世而建。祭坛上方刻有“祖国统一、人民自由”几个巨大的拉丁文字，左右各有代表“思想”和“行动”的铜像。祭坛正中则是艾曼纽二世的铜像，他骑马持剑，英武非凡。

看点02 威尼斯大厦

曾经的威尼斯驻罗马的大使馆

威尼斯大厦位于威尼斯广场的正中，是这座广场的标志之一，也是罗马最著名的文艺复兴建筑。这里曾经在威尼斯共和国最鼎盛的时期作为威尼斯驻罗马的大使馆，二战期间也曾经被墨索里尼作为官邸。二战后，这里被改造成为一家艺术博物馆，依然吸引了不少游人。

02 卡比托利尼博物馆

看各种古罗马时期的美丽雕塑

Via dei Baullari, 1, 00186 Roma ★★★★

卡比托利尼博物馆就位于卡比托利欧广场上，主要包括建于12世纪的元老宫、建于16世纪的保守宫和建于17世纪的新宫三个部分，三座宫殿通过位于地下的“宝石长廊”相连。其中除了元老宫如今是罗马市政府的所在以外，保守宫与新宫内都收藏着大量古罗马时期的珍贵文物。在保守宫内有一尊母狼喂养两个小孩的雕塑，这就是反映罗马起源的著名雕塑。而在新宫内也能看到《垂死的高卢人》、《丘比特和赛琪》、《卡比托利欧的维纳斯》等精美雕塑，都是出自名家的作品。

03 图拉真广场

罗马最后一座帝国议事广场

图拉真广场位于威尼斯广场一侧，这里是罗马最后一座帝国议事广场。这座广场以被称作罗马五贤帝之一的图拉真大帝的名字命名。广场上的建筑采用了很多东方君主制国家的建筑风格，主要的建筑都位于中轴线上，而且分层而建，两侧对称，体现了皇权的神圣而不可侵犯。同时这里通过大量的浮雕来叙述图拉真大帝的赫赫武功，这些浮雕按照故事情节分段，其中人物多达2500余个，堪称艺术史上不可多得的精品。此外，这里在过去还是主要的集贸市场，人们能在这里买到各种生活用品。

TIPS

Via IV Novembre 乘地铁B线在Colosseo站下 06-82059127 ★★★★★

图拉真柱

记载大帝的丰功伟绩

图拉真柱是图拉真广场上的标志性建筑物，这根柱子高27米，完全由大理石制成，柱顶上矗立着图拉真大帝的铜像。而柱身则环绕着23圈饰带浮雕，浮雕共200多米，讲述了图拉真率军征服达西亚的战争，向每一个来这里的人炫耀着这位伟大帝王的彪炳功绩。

04 马切罗剧院

赏

曾经的罗马第二大剧场

Via di Monte Savello, 30, 00186 Roma 06-6861570 ★★★★

马切罗剧院是一座建于古罗马时期的露天剧院，是以奥古斯都皇帝的侄子马切罗的名字而命名的。这座剧场呈圆形，直径110米，最初可以容纳11000多名观众，号称罗马第二大剧场。如今这里除了一、二两层还留有一些拱门遗迹外，其他地方早已看不到任何剧院的影子了。从废墟可以看出这里主要用凝固的火山岩建成，从下到上分别使用了多立克式、爱奥尼亚式和科林斯式柱子，可以说是汇集了罗马建筑的精髓。

05 卡比托利欧广场 

由米开朗基罗设计的广场

TIPS

Piazza del Campidoglio 1 乘地铁B线在Colosseo站下

06-67102475 6.50欧元 ★★★★★

卡比托利欧广场是一座由伟大的艺术家米开朗基罗所设计的广场，地面上有呈放射状的几何图线朝四方散射开去，显得颇具现代感。广场通过阿拉柯利阶梯和不远处的艾曼纽二世纪念堂相连，在广场中央还矗立着罗马五贤帝之一的马可·奥勒留皇帝的铜质雕塑，不过这一件已经是复制品了，真品目前珍藏于博物馆中。此外，在广场的台阶处还有两尊高大的双子神卡斯托尔和波吕克斯塑像，这是从双子神殿中移过来的，这些漂亮的塑像更给广场增添了无穷的魅力。

看点01 罗马市政府

罗马市的政治中心

罗马市政府大楼位于古罗马遗迹的元老宫之上，和左右的新宫与保守宫呈三足鼎立的状态。这里早在古罗马时期就是主管罗马市政的元老们所在的地方。在宫殿前有三组雕像，中间的是罗马女神米涅瓦，左侧是代表尼罗河的狮身人面像，右边则是代表台伯河的母狼与双子雕像。

看点02 马可·奥勒留像

伟大皇帝的塑像

马可·奥勒留是著名的罗马五贤帝之一，在他在位时期，罗马帝国达到了强盛的顶峰。而这座马可·奥勒留像原本是位于圣若望门广场，米开朗基罗在改造卡比托利欧广场时将其移到这里，并放置在广场中央。不过如今位于广场上的是复制品，真品则位于广场一侧的卡比托利欧博物馆内。

看点03 天空圣坛的圣母玛利亚教堂

看精美的壁画

天空圣坛的圣母玛利亚教堂位于卡比托利欧山顶，这里原本是一座拜占庭修道院，后被天主教会接管。在教堂中使用罗马式立柱隔开了三座中殿，正中供奉着著名的木质婴儿耶稣像。四周则是多位大师创作的壁画。

06 维托里奥·艾曼纽二世纪念堂

纪念意大利第一位国王

维托里奥·艾曼纽二世纪念堂通常也被意大利人称为维托里亚诺，这是为了纪念意大利历史上第一位国王艾曼纽二世而建的。这座纪念堂就位于威尼斯广场和卡比托利欧山之间，完全用白色大理石修建，宽135米，高70米，在两侧的屋顶上分别矗立有艾曼纽二世和两尊乘坐双轮战车的女神维多利亚的铜像。而纪念堂内则已经被改造成为意大利统一纪念馆，通过很多文字资料将意大利从长期的分裂直到统一的这一历史进程详细地介绍给人们，同时也叙述了艾曼纽二世的伟大功绩。

TIPS

Piazza Venezia, 00186 Roma 06-6780664

★★★★

07 耶稣教堂

打破陈规的崭新造型

TIPS

Via degli Astalli, 16, 00186 Roma 06-697001

★★★★

耶稣教堂是文艺复兴晚期由著名的设计师维尼奥拉所设计的，这座教堂是教堂建筑从手法主义转向巴洛克风格时期的代表作，也被人们称作第一座巴洛克风格的教堂。从平面看，这座教堂呈长方形，顶端有一个圣龛。教堂的中厅很是宽阔，巨大穹顶上满是雕像和装饰。正是这种风格的出现，打破了人们对古罗马建筑理论家维特鲁威的盲目崇拜，反映了向往自由的世俗思想。因此，这座教堂在世界建筑史上占有极为重要的地位。

08 阿根廷剧院

享有盛誉的剧院

阿根廷剧院位于威尼斯广场旁，这里是罗马最古老的剧院，建成于1732年。这座剧院的结构非常精细，马蹄形的观众席围绕在舞台周围，使得观众们能更好地感受舞台上演员的表情和动作。同时良好的音响效果也使得这里颇受很多乐团的青睐。200多年来这里曾经上演过无数名家名作，包括易卜生、高尔基等伟大作家的作品。如今这里依然是罗马市内最重要的文艺演出场所，无数著名的音乐家和戏剧剧团在这里登台表演过，在世界上享有盛名。

TIPS

Largo di Torre Argentina 乘64号公共汽车或8号电车在Via Arenula站下 06-68804601 ★★★★★

ITALY GUIDE

Italy

畅游意大利

6

罗马越台伯河区

位于台伯河右岸的越台伯河区内随处可见曲折蜿蜒的街巷和古朴的老式建筑，充满浓郁的中世纪风情，也吸引了大量游客光顾。

01 台伯河

罗马的生命之源

TIPS

穿过罗马市区 ★★★★★

台伯河是意大利第三大的河流，全长406公里。而罗马就位于台伯河口上游25公里处，城里所有的水源都倚仗这条大河，堪称罗马的生命之源。在台伯河广阔的流域范围内，创造了伟大的古罗马文明，拉丁人在这里创造了拉丁文字，后来成为欧洲各国语言文字的基础。台伯河也灌溉了无数农场和庄园，这里出产的蔬菜、粮食、橄榄是支撑起整个罗马帝国的基础，同时它发达的运输业也成为各地兴旺发达起来的原因之一。可以说正是台伯河孕育了伟大的罗马帝国，正好像乳汁一般，哺育着每一个罗马人。

02 Ivo

吃正宗的意大利传统美食

TIPS

Via San Francesco a Ripa 158 乘44、75、280、H号公共汽车或8号电车在Via S Francesco站下 06-5817082 ★★★★

Ivo是位于越台伯河区的一家著名的意大利菜馆，开业半个多世纪以来，这里都是凭借自己最著名的一种叫Bruschetta的面包而受人们的青睐。这种面包是一种添加了蒜末、橄榄油、盐等调味料的意大利传统烤面包，在意大利人当中极有人气。而烤制这种面包的烤炉就被店家直接放在大街旁，从店前走过就能闻到诱人的香味。除了烤面包外，这里还提供各种意大利传统美食，人们可以选择坐在店外的露天座位上，一面品尝美味的食物，一面观赏这里的街景。

03 台伯利纳岛

台伯河上的小岛

TIPS

isola tiberina ★★★★★

台伯利纳岛是一座位于罗马市内台伯河上的小岛，也是台伯河在罗马境内唯一的一座小岛。从古罗马时期开始，这座小岛就通过桥梁和罗马市内相连。不过这里最初是关押重刑犯人和流放传染病人的地方，在很长一段时间内人们唯恐避之不及。而后来，这里建起了圣巴托洛梅奥神殿，方才又吸引了人们的关注。如今这里也是罗马市内不错的旅游景点，不但有各种古代遗迹，还有神殿建筑。人们更可以站在岛上，听滔滔河水撞击小岛发出的响声，也是一番不错的体验。

04 卢卡提诺

越台伯河区最古老的小酒馆

Piazza Sonnino 6/via DellaLungaretta 5406-5882101

★★★★

卢卡提诺号称“越台伯河区最古老的小酒馆”，这里虽然地处城区的中心位置，但是四周的环境却相当的优越。这里邻接着著名的Via della Lungaretta石板路，那满满的怀旧氛围正是越台伯河区的灵魂所在。而店里也看不到半点像是著名酒馆的样子，到处都是锅碗瓢盆，好像一处普通人家一样。这里提供的各种菜式也都是意大利人经常吃到的家常菜，因此特别受外来游客的欢迎，同样也有很多当地居民经常光顾。

05 圣莎比娜教堂

典型的巴西利加风格教堂

圣莎比娜教堂矗立在罗马的阿文提内山上，它不同于罗马很常见的诸多巴洛克风格的教堂建筑，而呈现出一种简约的

风格，曾经被作为巴西利加风格的典型建筑而闻名于世。走近圣莎比娜教堂，首先就能看到门前的精美木雕，正门上方还有献给圣彼得的蓝色镶金铭文，精美异常。而教堂的大门也是木质的，深受早期地下墓室和石棺艺术的影响，是意大利古典艺术的精华。而教堂内有宽敞高大的正厅和一个半圆形的后殿，结构十分简单，体现出罗马古典的风韵。

Via Santa Sabina 06-57940600 

06 Sebatini

名扬世界的罗马本地名店

Piazza S.Maria in Trastevere 13 乘44、75、280和H号公共汽车或8号电车在Via S Francesco a Ripa站下 06-5812026 ★★★★

Sebatini是20世纪50年代时一对名叫Sebatini的兄弟所创办的，这家店除了在罗马的本店以外，甚至还远隔重洋在日本、韩国都开有分店，可以说已经是名扬全世界了。这里出售味道十分正宗的意大利海鲜面、意大利奶酪饼、意大利烩饭。而且这里的厨师还会利用时令蔬果和海鲜，搭配橄榄油、辣椒、香草、蒜头、牛油等配料，来烹调出各色应季菜肴，让人总能获得新鲜感，因此颇受顾客们的追捧。

07 国立古典艺术馆

两位大师共同设计的作品

赏

Via della Lungara, 10, 00165 Roma 06-68802323 ★★★★

国立古典艺术馆由著名的巴洛克大师贝尔尼尼和博罗米尼共同设计完成，馆内正面两道阶梯正是由这两位大师分别设计的，仔细比较就能发现其中的细微差别。这座美术馆收藏了大量从12~18世纪的精美艺术品，包括麦尔提尼、安捷里科、拉斐尔、提慈阿诺、里皮等文艺复兴时期的大家名作。

08 越台伯河的圣母玛利亚教堂 赏

罗马第一家基督教教堂

TIPS

Via della Paglia, 14, 00153 Roma ☎06-5896460 ★★★★★

越台伯河的圣母玛利亚教堂是罗马第一座祭祀圣母玛利亚的教堂，建于公元3世纪。教堂地处越台伯河区的中心位置，长56米，宽30米，是当地最大的教堂，同时也是罗马第一家基督教教堂。在漫长的历史时期中，这座教堂经过多次扩建和重建，如今遗留下来的建筑是12世纪时所修建的。在教堂内能看到13世纪的马赛克画、16世纪的壁画，还有各个装饰精美的小礼拜堂，来到这里能感受到这座历史悠久的教堂的多彩艺术。

09 保罗喷泉 赏

雕塑精美的喷泉

TIPS

Via Garibaldi, 00153 Roma ★★★★

在罗马可以看到无数大大小小的喷泉，其中保罗喷泉是非常著名的一座。这处喷泉位于贾尼科洛山下，临近蒙特里欧的圣彼得教堂，它的名字是取自当时的教皇保罗五世。这座喷泉的造型好似一座凯旋门，通体使用白色的大理石制成。上面还有不少以圣经故事作为题材的浮雕，在喷泉顶部还有教皇的头饰式样的装饰，整体显得十分神圣。而喷泉水则从下面五个盆状的出水口喷出，水质清澈，每到夏天这里总是透出一丝丝阴凉，让人能祛除强烈的暑气。

10 越台伯河区

令人怀念的古城风情

TIPS

台伯河右岸 乘64号公共汽车在Lago di Torre Argentina站下 ★★★★★

越台伯河区是罗马最著名的一个古城区，这里到处充满了令人怀念的古城风情，弯弯曲曲的窄巷和古老的建筑使得这里好像还处于古罗马时期一般。在风光无限的街道两旁到处能看到各种餐馆和咖啡馆、酒馆，一到晚上，来自罗马各地的青年男女都会汇集于此，放纵自己的青春年华。而在这里还能看到罗马的第一座基督教教堂——越台伯河的圣母玛利亚教堂，这也是越台伯河区最大的教堂，在教堂里能看到精美的宗教壁画，也是一种艺术的熏陶。

11 蒙特里欧的圣彼得教堂

赏

圣彼得的殉教之处

蒙特里欧的圣彼得教堂位于罗马的蒙特里欧，传说这里是圣彼得殉教的地方，因此人们在这里建起教堂纪念这位圣人。这是意大利文艺复兴时期的著名建筑，从整体看，教堂呈圆形，周围有一圈多立克式的柱廊，和教堂的主体很好地融为一体。此外，这座教堂的集中式穹顶也很有特色，这在当时的西欧是前所未有的大幅度的创新，因此被人们奉为经典，对后世的教堂建筑也有很深的影响。

TIPS

Piazza di San Pietro in Montorio, 3, 00153 Roma 06-5813940 ★★★

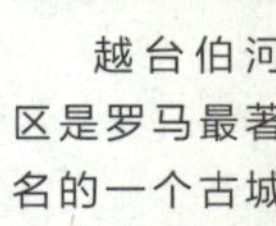

ITALY GUIDE

Italy

畅游意大利

7

罗马其他

01 Checchino Dal 1887 吃

令人百吃不腻的罗马乡村烹调

TIPS

Via di Monte Testaccio 30 乘地铁B线在Piramide站下

06-5743816 ★★★★

开业于17世纪的Checchino Dal 1887曾经只不过是一家位于屠宰市场旁的小小酒店，那些屠夫们下班以后通常都会到这里来喝上一杯。不过自1887年开始，这里进行了一次大规模的改造，并且开始供应各种菜肴，名气也慢慢响亮起来，逐渐发展到今天。这里各种典型的罗马乡村烹调让人百吃不腻，如小牛肠贝壳粉、甜面包、内脏和洋蓟牛杂等都是这里的招牌菜式。同时，因为是以酒店起家，这儿珍藏的各种美酒佳酿更是别处所比不了的。

02 鲍格才美术馆 赏

看珍藏的名家大作

鲍格才美术馆原本是枢机大臣鲍格才的别墅，他是一位著名的收藏家，同时也是意大利著名艺术家贝尔尼尼的赞助者。这座别墅建于1613年，是一座典型的巴洛克建筑，在鲍格才死后，这里被改造成为美术馆。如今在这座二层建筑中陈列着鲍格才的丰富藏品，还有他资助的贝尔尼尼的大量作品。其中最重要的当数《阿波罗和达芙尼》、《攻占普罗塞尔庇那》以及自己充当模特的《大卫》等传世名作，还有拉斐尔、卡拉瓦乔等知名画家的多幅作品。

TIPS

Via Tevere, 15, 00198 Roma 06-8413979

★★★★★

03 奥林匹克运动场

意大利最大的体育场之一

奥林匹克运动场位于罗马北郊，可以容纳10.5万名观众，是意大利最大的体育运动场之一。这座体育场最早是准备用于1944年的奥运会的，但是因为二战，这次奥运会被迫取消。而后，罗马又获得了1960年奥运会的举办权，这座体育场则于1953年正式完工，作为主会场见证了这次奥运会的成功举办。除了奥运会外，这里还举办了1990年世界杯等重大比赛。此外，这里还是意甲球队罗马和拉齐奥队的主场，每年都要进行数十场激烈的足球比赛，是罗马人心目中最重要的体育圣殿。

TIPS

Via Foro Italico 乘地铁在Flaminia站下，转乘公共汽车225路 06-36851 ★★★★

04 艾斯特别墅

赏

拥有很多喷泉的别墅行宫

TIPS

乘地铁B线在Ponte Mammolo站换乘巴士在艾斯特别墅下 0774-312070 6.5欧元 ★★★★★

艾斯特别墅又名千泉宫，这里曾经是提沃里红衣主教的别墅行宫。正如其名千泉宫所示，在这里拥有大大小小无数喷泉，这些喷泉造型各异，有人物，有鸟兽，还有各种看不出形状的造型，和附近的自然景观交相辉映，煞是好看。其中圣杯喷泉是这里最漂亮的一处喷泉，传说是建筑大师贝尔尼尼的杰作，年轻男女漫步在这涓涓水流之下，显得更为浪漫。而如果夏天有幸到此，那丝丝凉意更是让人倍感舒适，暑热之气立刻一扫而光。

05 圣保罗大教堂 赏

在圣保罗之墓基础上修建的教堂

圣保罗大教堂位于罗马南城外，是君士坦丁大帝下令在圣保罗之墓的基础上修建的。因为它富丽堂皇，一直都是罗马四大教堂之首。不过1823年的一场大火使这座教堂毁于一旦。到了1857年，人们又将这座教堂重建了起来，如今我们能见到的教堂建筑就是这时建起的。教堂前矗立着高大的圣保罗塑像，他手持长剑，体现出他殉教前一刻依然英勇不屈的样子。而教堂内部则庄严肃穆，其中最重要的部分当数位于圣保罗墓之上的圣坛，这里只允许教皇本人来做弥撒，以示对先贤的敬仰。

Via Ostiense, 186, 00146 Roma, Italia ☎06-5410341 ★★★★★

06 罗马音乐厅 娱

罗马最著名的音乐圣殿

罗马音乐厅建成于2002年，位于1960年罗马奥运会的奥运村附近。这座音乐厅由著名的建筑大师伦佐·皮亚诺设计。这里的各项设施，无论是室内还是室外，都是为了音乐演奏而专门设计的。三个大小不一的音乐厅相互环抱，最大的朝南，中等大小的朝西，最小的朝北。在这里会举办古典音乐、流行音乐、爵士乐、摇滚乐等各种音乐会，不管是什么类型的音乐爱好者，都能在这里体验到最高的享受。此外，这里的中心广场也是一处露天舞台，可以举行各种活动，成为人们的社交场所。

TIPS

Via Pietro de Coubertin 15 乘地铁A线在Flaminio站下，换乘2号电车 ☎06-8082058 ★★★★

07 哈德良别墅

逛

哈德良大帝修建的皇家花园

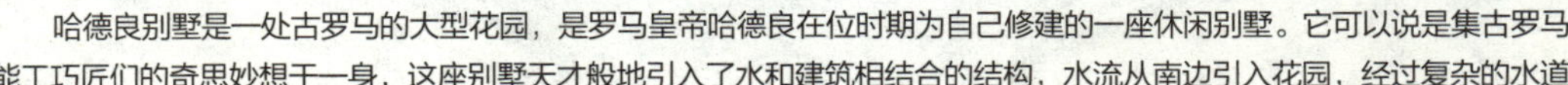

哈德良别墅是一处古罗马的大型花园，是罗马皇帝哈德良在位时期为自己修建的一座休闲别墅。它可以说是集古罗马能工巧匠们的奇思妙想于一身，这座别墅天才般地引入了水和建筑相结合的结构，水流从南边引入花园，经过复杂的水道系统后流经整个别墅。因此漫步在别墅之中，到处都能看到各种用水设施，让人颇感新奇。而那些雄伟的宫室与精美的装饰更是成为后世意大利风格花园的典范设计，堪称罗马的“万园之园”。不过这里如今早已满目疮痍，人们只能漫步在残垣断壁之间感受这座“伊甸园”当年的辉煌。

TIPS

乘地铁B线在Ponte Mammolo站换乘巴士在哈德良别墅下 0774-530203 6.5欧元 ★★★★★

卡诺波

复制的埃及运河景色

卡诺波位于哈德良别墅南部的山谷之中，这里是复制自埃及卡诺波运河的景观，长长的人工运河流经此处，沿岸随处可见各种古色古香的埃及雕像，让人恍惚间好像真的身处尼罗河岸边，体验到别具一格的北非风情。

08 欧思提亚古城

逛

保留了古罗马风貌的城市

TIPS

Via dei Romagnoli 117 乘火车在Ostia Antica站下 06-56358099 ★★★★

欧思提亚古城位于台伯河口，这里曾经是古罗马时期用以防止外敌从海路进犯罗马的要塞，后来逐渐发展成为一处重要的海港城市。如今这里依旧保持着古罗马时那种优雅娴静的模样，石板铺就的道路延伸到城中的每一个角落，道路两旁林立着神殿、广场、市集、浴场、民居等传统建筑，弥漫着浓郁的古罗马风情。很多建筑上还依稀能看到各种精美的马赛克贴画，有的还带有漂亮的大理石雕塑，可以说处处都是艺术，步步都是古迹，是那些喜欢怀旧访古的游客最喜爱的地方。

ITALY GUIDE

Italy

畅游意大利

8

米兰

米兰位于意大利北部，是意大利第二大城市和经济之都，同时也是全世界最有影响力的时尚之都，是全世界知名设计师向往的时尚圣地。

01 米兰大教堂

世界第二大教堂

赏

米兰大教堂是世界第二大教堂，它于1368年开始动工兴建，直到1897年方才正式完工。这座教堂是世界上最大的哥特式教堂，建造时汇集了来自欧洲各国的出色设计师。它可以说是整个米兰的象征，无数历史名人在此留下他们的印记，其中拿破仑就是在这里加冕登上皇帝宝座的。

TIPS

Piazza del Duomo 乘地铁红线或黄线在Duomo站下车

02-860358 ★★★★★

看点01 教堂大门

拥有各色浮雕的铜质大门

教堂前并排共有5座大门，全都使用铜铸成，其中最大的一座重达37吨。每座大门自上而下分了好多格子，其中有各种精美的浮雕，非常漂亮。

看点02 美第奇纪念碑

米开朗基罗弟子设计的纪念碑

美第奇纪念碑是为了纪念教皇的弟弟美第奇而建，这是一座由米开朗基罗的弟子所设计的纪念碑，在纪念碑底部有三尊铜铸雕像，碑上还刻有对美第奇的赞美之词。

看点03 屋顶雕像

100多座精美雕像

在米兰大教堂的屋顶共有135个大大小小的尖塔，每一个尖塔上都有雕工精致的雕像，它们形态各异，有人物、怪兽等多种形态，想要一一看全可是非常困难的事情。

看点04 冬季圣堂 最漂亮的礼拜堂之一

冬季圣堂是米兰大教堂内最漂亮的礼拜堂之一，这里由八根大理石柱撑起大型拱顶，顶上都是巴洛克风格的浮雕和壁画，在灯光的映照下，显出一种寒冬所特有的冰冷感觉。

看点05 圣母雕像 栩栩如生的雕像

圣母雕像位于大教堂的墙上，像中圣母玛利亚抱着婴儿耶稣，神情喜悦。整座雕像线条流畅，衣袂翩翩，人物细节刻画得体，可谓雕塑中的精品。

看点06 圣巴萨罗买雕像 纪念殉教的圣巴萨罗买

圣巴萨罗买雕像是米兰大教堂内令人瞩目的一座雕像，这是为了纪念被生生剥皮而殉教的圣人巴萨罗买的，雕像中巴萨罗买肩披自己的皮肤，手持圣经，可以清楚地看到他的肌肉和骨骼，十分逼真。

看点07 圣安布吉罗圣堂 纪念著名的米兰大主教

圣安布吉罗圣堂是为了纪念为基督教的传播作出积极贡献的米兰大主教圣安布吉罗而建的，这里依然还保留着圣安布吉罗所制定的宗教仪轨，并咏唱由他创作的赞美诗篇。

看点08 圣乔凡尼·波隆圣堂 6组精美浮雕

这座圣堂是为了纪念米兰大主教乔凡尼·波隆而建，在这座圣堂里，人们用6组浮雕来描述波隆主教在领导米兰基督教发展方面的功绩。每一组浮雕都很精美，非常具有艺术感。

02 维托里奥·艾曼纽二世拱廊

逛

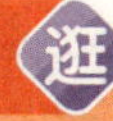

米兰的客厅

维托里奥·艾曼纽二世拱廊位于米兰大教堂右侧，这里是一座钢架构玻璃拱顶建筑，建于一百年前。因为这里遍布各种商店、饭店和酒馆，也被人称作“米兰的客厅”。这处拱廊开了大型商业街使用玻璃拱顶的先河。有意思的是，这里有一块刻有小牛的地砖，据说踩踏可以获得好运，以至于这里的地上形成了一个深坑。

TIPS

Piazza del Scala , piazza del Duomo 乘地铁红线或黄线在Duomo站下 ★★★★★

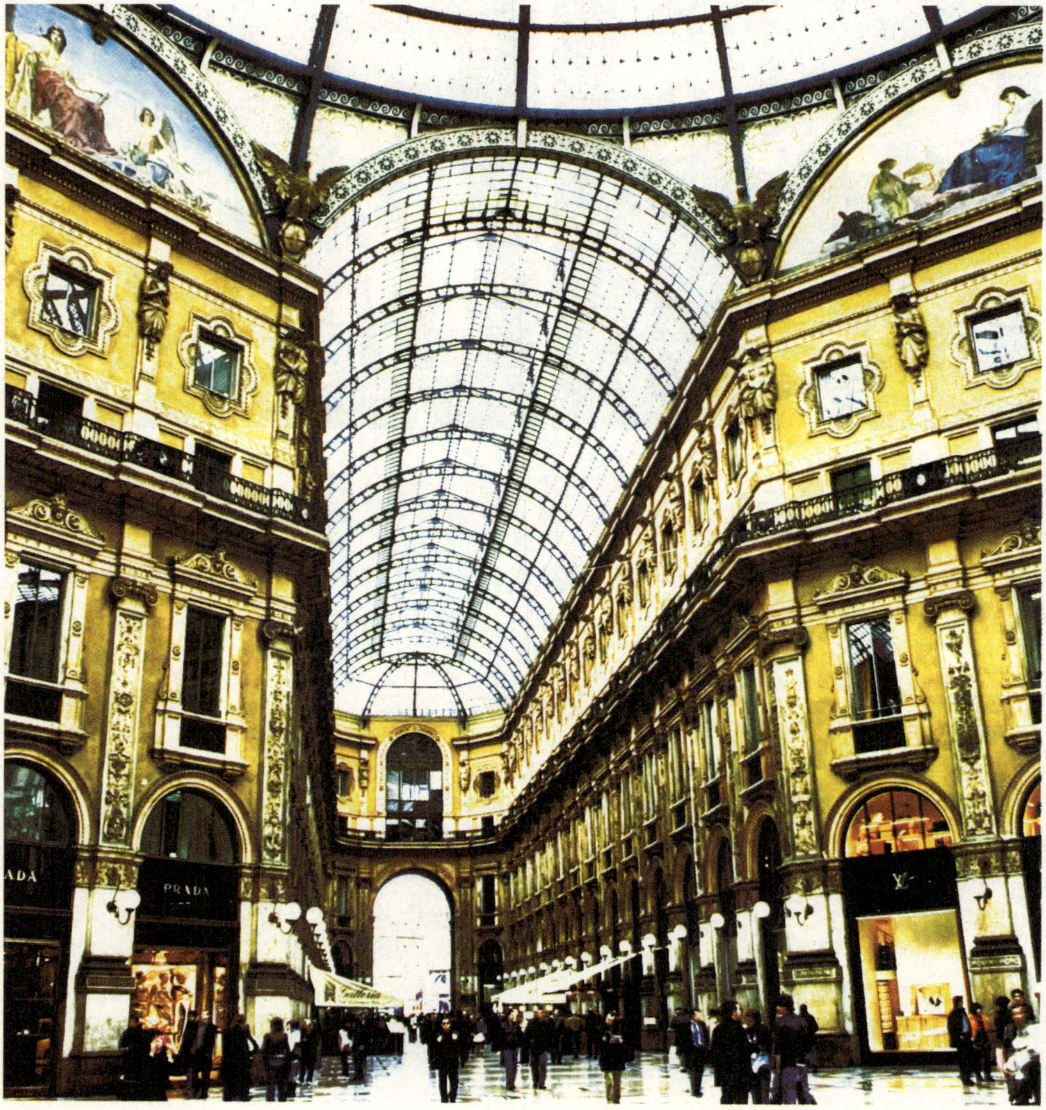

汤豪斯佳乐利酒店 世界首家七星级酒店

米兰汤豪斯佳乐利酒店是世界上第一座被认证为七星级的酒店，这里采用大量的拱形设计及百叶窗的设置，而内部精美的装饰与完备的设施都使得这里名扬世界，成为人们最向往的豪华酒店的标杆。

03 米兰精品区 逛

光鲜亮丽的黄金四角区

米兰作为一座世界时尚与设计之都和时尚界最有影响力的城市，城市里到处能见到各种品牌的精品店。尤其是在拿破仑大街、史皮卡大街和圣安德烈街，这是米兰最中心的时尚精品区，也被称作黄金四角区。在这片街区里能看到各种世界闻名的时尚品牌，各色衣着光鲜的年轻男女在这里选购商品。在这里转上一圈，品位也会得到很大的提升。

TIPS

Via Montenapoleone与Via della Spiga之间 乘地铁红线在San Babila或Montenapoleone站下 ★★★★★

看点01 蒙提·拿破仑大街 巨大玻璃拱廊下的精品街

蒙提·拿破仑大街是米兰最著名的购物街之一，在巨大的玻璃拱廊下街两侧都是样式古典的商店房屋。不过其中出售的各种名品服饰可一点都不古典，无论是多新潮的款式在这里都随处可见。

看点02 史皮卡大街

各种时尚概念店

史皮卡大街是一条用石板铺就的大街，人们走在上面感觉就好像在乡间小路上散步。在这条街上有意大利最新潮的时尚概念商店，出售各种创意新潮的商品。此外还有出售CD和书籍的音像店，能满足游客的不同需求。

看点03 圣安德烈街

多如牛毛的各种品牌店

圣安德烈街也是构成米兰黄金四角区的一个重要部分，这里的商店也是多如牛毛，让初到这里的人一下子就会看花眼，不过能买到心仪的名牌商品，逛得再累也很值得。

04 斯卡拉歌剧院

世界上最完美的歌剧院

斯卡拉歌剧院建于1778年，在二战时候这里遭到轰炸，建成近170年的歌剧院片瓦无存。战后意大利政府拨巨资重修了这座歌剧院，完备的设施使之成为世界上最完美的歌剧院。每年的12月到次年的6月是这里的音乐演出季，无数世界知名的音乐人以在这里登台演出作为自己的荣耀，而指挥巨匠托斯卡尼尼是这里的首席指挥。

TIPS

Piazza della Scala 乘地铁红线或黄线在Duomo站下 02-8053418 ★★★★★

＊斯卡拉歌剧院博物馆 展示歌剧院的历史

斯卡拉歌剧院博物馆位于歌剧院中，向游人们展示了这座伟大的音乐圣殿多次被毁而又重建的历史。在多个小展室中展出了大量有关歌剧历史的珍贵文物，包括伟大的剧作家威尔第的手稿和作品。

05 王宫

意大利曾经的政治中心

米兰王宫在很长一段时期是意大利政治中心的所在，如今这里则是米兰的一个重要的文化标志，经常会举办一些博览会和大型展览。最初这座王宫是一个双院连套的样式，后来因为左侧要修建米兰大教堂而被拆除了一部分。王宫和米兰大教堂一样，拥有很多尖塔，有一种扶摇直上的飞升感。

TIPS

Piazza del Duomo  乘地铁在Duomo站下 ★★★★

06 圣安布罗基奥教堂 赏

线条简洁的教堂

圣安布罗基奥教堂建于公元4世纪，是当时的米兰大主教安布罗基奥在基督教徒的墓地上兴建起来的，而后又多次扩建，使之形成现在的规模。这座教堂并没有米兰大教堂那好像刺猬一般的尖塔群落，而是显得更为简洁。教堂两侧还有伦巴第风格的钟塔，更将教堂的线条着重表现了出来。

TIPS

Piazza Sant' Ambrogio 15　乘地铁绿线在Sant' Ambrogio站下

02-86450895　★★★★

07 安布洛奇亚图书馆 赏

以米兰守护神命名的图书馆

建于1603年的安布洛奇亚图书馆是用米兰的守护神的名字命名的，自17世纪开始，这里就是全世界学术和文化的重要中心。它的藏书也是首屈一指的，其中尤其以来自阿拉伯和东方的文化著作最为重要。1618年，这里增设了安布洛奇亚美术馆，其中收藏了不少伦巴第派和威尼斯派的绘画，还有达·芬奇的不少手稿，堪称这里的镇馆之宝。

TIPS

Piazza Pio XI 2　由M3号线在MonteNapoleone站下

02-806921　8欧元　★★★★

08 布雷拉画廊

收藏了很多名作的画廊

布雷拉画廊是米兰最著名的艺术展馆，由拿破仑一世在1809年创办。这座画廊里共有大小40个展室，里面的收藏多以文艺复兴时期的绘画为主，其中以贝利尼的《圣母子像》、曼泰尼亚的《哀悼基督》、皮耶罗·德拉弗兰切斯卡的《布雷拉祭坛画》、拉斐尔的《圣母的婚礼》、丁托列托的《圣马可的奇迹》等最为著名。

TIPS

Via Brera 28　乘MM3线在MonteNapoleone站下　5欧元

★★★★★

09 长柱之圣洛伦佐教堂 赏

被长长的石柱所围绕的教堂

TIPS

Corso di Porta Ticinese 39 乘地铁黄线在Missori站下

02-89404129 ★★★★

圣洛伦佐教堂是米兰著名的教堂之一，这座教堂最大的特点是它的入口，这里被16根取自罗马原始宗教神殿上的石柱所围绕，它们排列出一个大厅的样子，形成一个开放式的出入口，这也是这座教堂被人们称作长柱教堂的原因。此外，在教堂门口矗立着君士坦丁大帝的塑像，他于公元313年在米兰下令停止对基督教徒的迫害，为感谢他的这一功绩，在这里立像纪念。

10 感恩圣母堂 赏

古典伦巴第风格的教堂

TIPS

Piazza Santa Maria delle Grazie 乘地铁红线在Conciliazione或Cadorna站下 02-4676111，观赏《最后的晚餐》预约电话02-89421146 6.5欧元+1.5欧元预约手续费 ★★★★★

虽然感恩圣母堂以收藏达·芬奇的不朽名作《最后的晚餐》而著名，但是这里并非只有这一看点。这座教堂本身就是一件出色的艺术品，是典型的伦巴第风格红砖建筑，屋顶有高高的棕红色穹顶，颇具浓厚的古典色彩。而著名的《最后的晚餐》就位于圣母堂的餐厅之中，一直都是全世界游客争相参观的焦点。

《最后的晚餐》 达·芬奇的代表作

《最后的晚餐》是达·芬奇一生中最著名的杰作之一，这幅图描绘了耶稣和他的弟子们晚餐时，耶稣点破有人出卖他那一刻的情景。画中每个人物的表情、动作各不相同，将他们的性格刻画得淋漓尽致，显示出这位绝世大师的超凡艺术灵感。

11 斯福尔采斯科城堡

古典大气的意式城堡

TIPS

Piazza Castello　乘地铁红线在Cailori或Cadorna站下

02-62083940　★★★★

斯福尔采斯科城堡位于米兰市中心，这里曾经是统治米兰的斯福尔采斯科家族的统治中心。城堡高大而雄伟，于1466年建成，据说达·芬奇曾经也参与了这座城堡的设计建造工作。如今这里是一处多功能中心，分作好几个区域。其中大部分是博物馆，陈列着很多原本属于城堡的文物，而城堡背后则被改造成了圣匹沃内公园，是人们休息放松的地方。

12 达·芬奇科技博物馆

为纪念达·芬奇500周年诞辰而建的博物馆

众所周知，达·芬奇除了是一位杰出的艺术家外，还是一名出色的科学家。这座为了纪念达·芬奇诞辰500周年而建的达·芬奇科技博物馆，就是向人们介绍达·芬奇科学思想的。博物馆里按照门类共分了25个展馆，囊括了达·芬奇科学设计的各个方面，在这里有达·芬奇发明的各种机械模型，此外还有各种蒸汽机、火车头、飞机船舶模型等现代标志的发明。

TIPS

Via S.Vittore 21 乘地铁MM2线在Sant' Ambrogio站下 8欧元 ★★★★

13 波尔迪佩佐利美术馆

展示著名收藏家的丰富收藏

波尔迪佩佐利美术馆是1850年由著名的艺术收藏家波尔迪佩佐利的住宅改建而成的。这座高两层的传统房屋被开辟成为20个展室，每一个展室都依照不同的艺术风格由名家来设计布置，里面展出了波尔迪佩佐利所收藏的各种绘画、雕塑、壁毯、家具、挂钟等艺术品。1881年在米兰博览会上这里第一次与游人见面时，吸引了数千名参观者，至今依然是米兰城内热门的游览地点。

TIPS

Via Manzoni 12 乘地铁MM1线在Duomo站下 8欧元 ★★★★

14 圣西罗球场

米兰的体育圣殿

圣西罗球场实际上正式名称应为梅阿查球场，这是为了纪念意大利历史上最伟大的球员之一朱塞佩·梅阿查而盖的，但是圣西罗这个名字却远比它实际的名字来的响亮，为更多人所熟知。这座球场可以容纳85000多名观众，是意大利两支世界级劲旅AC米兰与国际米兰的主场。90年来这里一直都是米兰人心目中的足球圣殿，在这里上演过无数恩怨情仇、悲欢离合，让全世界的球迷为之悲喜交加。

TIPS

Via dei Piccolomini, 5, 20151 Milano, Italia 02-40092175 ★★★★

15 阿尔法·罗密欧历史博物馆

赏

看著名品牌汽车的发展历史

阿尔法·罗密欧是世界知名的汽车品牌，位于米兰郊外阿雷塞镇的这处博物馆正是向人们介绍这一品牌历史的地方，是广大车迷绝对不容错过的地方。博物馆主要分为6层，按照时间顺序向人们介绍了汽车的发展演变过程，其中包括100多辆各个时期的阿尔法·罗密欧汽车，以及各种零部件。

TIPS

Viale Alfa Romeo 乘地铁1号线在QT8站下 02-44429303 ★★★★

16 纪念墓园 赏

米兰的一座露天艺术博物馆

TIPS

Piazzale Cimitero Monumentale 乘街车3、4、11、12、14、29、30、33号在Cimitero Monumentale站下 02-6599938 ★★★★

在米兰，纪念墓园是除了米兰大教堂外另一处优雅而具有艺术价值的地方。建于1863年的墓园就好像是一座露天的艺术博物馆，每一个墓碑上都有不一样的精美雕塑，其精致程度让人惊叹不已。墓园的中心建筑外观呈希腊十字形，内部装饰精美绝伦，而且与墓地那种哀伤阴暗的气氛不同，这里采用了大量的暖色调，显得很是活泼。这里连接着墓园内的两座骨灰塔。

17 蒙扎赛车道 娱

F1比赛著名的赛道

蒙扎赛车道就位于距离米兰不到30公里的小城蒙扎，自从F1赛事开办以来，这里一直都是其中一站的比赛地。这条赛道是著名的高速赛道，直道很多，经常可以看到两辆赛车在大直道上互相拼速度赶超的场景。因此在这里的每次比赛都异常激烈，让车迷们大呼过瘾。同时，这里也是著名车队法拉利的主场，比赛时经常可以看到赛道两边的观众手持红色旗帜助威呐喊，其声浪甚至与汽车马达的轰鸣声不相上下。

TIPS

1, Via Autodromo Nazionale, Monza, MB 20900 039-367089 ★★★★

ITALY GUIDE

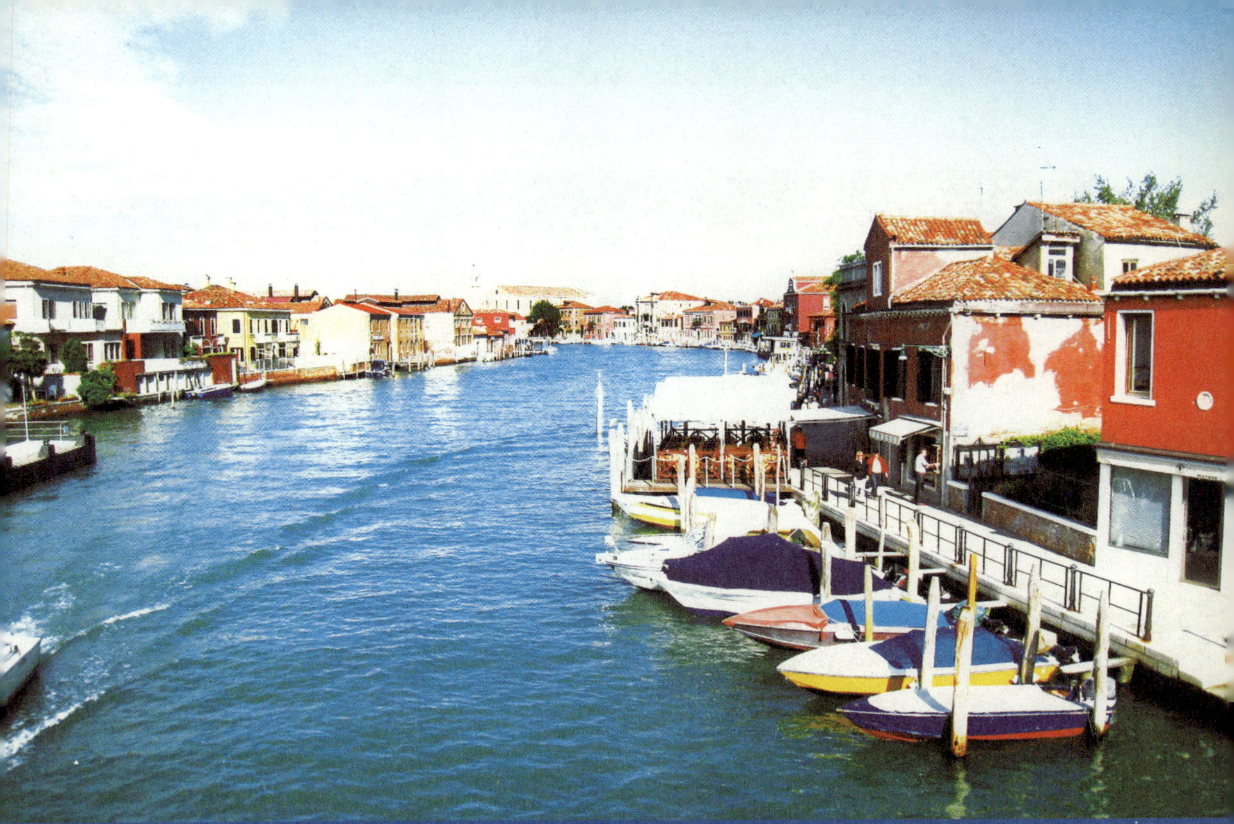

Italy

畅游意大利

9

威尼斯

美丽的水城威尼斯由117座大小不一的岛屿和150条河道组成，在中世纪，威尼斯就曾是海上霸主和贸易强国，众多文人墨客都赞美过其美丽迷人的风光。

01 圣马可广场

世界上最美的广场

TIPS

Piazza San Marco 乘水上巴士在S.Zaccaria Danieli站下

★★★★★

圣马可广场也称威尼斯中心广场，自公元9世纪以来，这里一直都是威尼斯的政治、宗教和娱乐中心，曾被拿破仑称为“世界上最美的广场”。这里每年都会举行盛大的嘉年华会，广场周围也有很多出售金饰、玻璃、寝具、服饰的小店，风格优雅，也是威尼斯最好的步行街。

看点01 钟楼 威尼斯的地标之一

圣马可广场上的钟楼是威尼斯的地标，这座近百米高的钟楼上面有5座钟，外部由狮子与女性图像装饰而成，在尖顶上还放置了一个金黄色的风向标。无论从威尼斯哪个位置都能清楚地看到这座雄伟的钟楼，给人留下深刻的印象。

看点02 钟塔 做工精细的时钟钟塔

圣马可广场上的钟塔完工于15世纪，在钟塔正面有一个巨大的自鸣钟，这座钟造型十分精美，指针和数字都是镀金而成，上面还写着“我只计数幸福的时光”的拉丁文字。每到大钟鸣响的时候，里面都会走出精致的小人吹吹打打，很是有趣。

看点03 柯雷博物馆 神甫的丰富收藏

柯雷博物馆是以威尼斯一位名叫柯雷的神甫名字命名的。这位神甫家境富裕，拥有很多珍贵的收藏，他后来将所有收藏都捐给了博物馆。其中有很多珍贵的绘画、雕塑等艺术品，都存放在这座博物馆内，将威尼斯古老的文明展示给了人们。

看点04 商店街 各种威尼斯传统艺术品

圣马可广场附近是威尼斯最著名的商店街，在这里拥有很多出售威尼斯传统艺术品的商店，其中最著名的当数威尼斯玻璃器。这些玻璃工艺品大多手工制成，样式多样，无论是买来做装饰还是馈赠亲友都非常合适。除了玻璃器外，这里的金饰、时装等也非常有名。

看点05 旧大法官邸 曾经的大法官官邸

旧大法官邸建于12世纪，是当时威尼斯最高检察官的官邸和办公室，位于圣马可广场的北端。与位于南端的新大法官邸遥遥相对，成为广场上一道亮丽的风景线。如今这里有很多咖啡馆和小商店，十分热闹。

看点06 新大法官邸 设施齐全的购物场所

新大法官邸位于广场南侧，这里曾经是威尼斯最高大法官的官邸所在，如今这里被改造成为一处拥有咖啡店、饰品店等休闲小店的购物场所，其中最著名的当数17世纪开业的花神咖啡馆。

看点07 总督府 融多种风格于一体的总督官邸

威尼斯总督府建于公元9世纪，这座建筑融古老的罗马风格和东方伊斯兰风格于一体，反映了当时威尼斯沟通东西方的枢纽地位。总督府内部有精美的装饰，各种壁画、饰品将这里装扮得金碧辉煌，可以窥见当时威尼斯的富庶繁荣。

02 圣马可大教堂

巨大的工艺品宝库

赏

圣马可大教堂位于威尼斯市中心圣马可广场上，建于公元829年，并于1071年重建。这里曾经在中世纪时是欧洲最大的教堂，而其中收藏的各种珍贵藏品更使这里成为一座巨大的宝库。这座教堂的建筑融拜占庭式、哥特式、伊斯兰式、文艺复兴式各种流派于一体，大教堂内外有400根大理石柱子，还有4000平方米的马赛克镶嵌画，是威尼斯荣耀和富足的象征。

TIPS

Piazza San Marco 乘水上巴士在S.Zaccaria Danieli站下 ★★★★★

看点01 圣马可祭坛

教堂的主祭坛

圣马可祭坛位于圣马可大教堂的正中央，这是一座用黄金打造的祭坛，在它下面就是圣马可的陵墓。祭坛背后还有宽3.4 米、高1.4 米的金色围屏，上面有80多幅描绘耶稣、圣母、圣马可行事的瓷片，瓷片上还用钻石、翡翠等做装饰，非常华贵。

看点02 雄狮小广场

会被运河淹没的广场

雄狮小广场位于圣马可大教堂左侧，广场上两个来自拜占庭的石柱最引人注目，其中一根顶上竖立着代表圣马可的狮子铜像，还有一根顶上则是拜占庭皇帝特欧多罗的雕像。据说每年运河涨水时都会淹没这座广场，到时候人们就可以乘坐刚朵拉到广场上游玩，体验一种别样的感受。

看点03 圣灵降临圆顶

圣马可大教堂的标志之一

圣灵降临圆顶是圣马可大教堂的巨大穹顶，因为在这穹顶上有一幅描绘圣灵降临的马赛克镶嵌画，故而得名。这幅镶嵌画是集威尼斯当时最好的匠人创作而成的，其精美程度令人惊叹，是圣马可大教堂的标志之一。

03 圣乔凡尼与圣保罗教堂

威尼斯著名的基督教堂

圣乔凡尼与圣保罗教堂是威尼斯最为宏伟的教堂之一，它是哥特式建筑在水城的代表作。这个教堂是由多明我会的教士修建的，自13世纪建成直到18世纪，其间的25位威尼斯总督都安葬在这里。教堂里还收藏了许多精美的艺术品供人参观。

Fondamenta del Mendicanti 乘41、42、51、52号水上巴士在OSPEDALE站下船 041-5235913 2.5欧元 ★★★★

04 圣扎卡利亚教堂

赏

宁静的教堂

始建于公元9世纪的圣扎卡利亚教堂毗邻圣马可大教堂，长久以来一直受到威尼斯历任总督的关照。公元15世纪，教堂被重建改造成一幢混合哥特式与文艺复兴式不同风格的建筑。在教堂内出自乔瓦尼·贝利尼的《圣母与四圣人》祭坛画最为引人注目，此外还有《施洗者约翰的诞生》等早期的祭坛画。

Campo S.Zaccaria 乘1、41、42、51、52号水上巴士在S.Zaccaria Danieli站下船 041-5221257 ★★★★

05 奇迹圣母堂

具有神秘色彩的教堂

奇迹圣母堂是一座文艺复兴时期建造的教堂，它那独特的艺术风格，吸引了世界各地的游人前来参观。这座教堂在威尼斯众多教堂中最具有神秘色彩，据说其殿堂内部悬挂的一幅名为《圣母与圣婴》的画作，曾让一名溺水而亡的男子复活，令人啧啧称奇。

TIPS

贯穿威尼斯 乘小汽船1线、82线可到 ★★★★

06 大运河

威尼斯最重要的航运水道

大运河是威尼斯最重要的航运水道，它呈倒S形从威尼斯城中穿过，威尼斯城内几乎所有的建筑都是围绕着这条运河而建的。平时可以看到很多威尼斯特色的小船在河中来来往往，威尼斯水城的特色就完全浓缩在这条运河之中，是各方游客们游览威尼斯的必经道路。此外，在河上还有很多充满个性的桥梁，这也是威尼斯最大的特色之一。

TIPS

Campo S.Zaccaria 乘1、41、42、51、52号水上巴士在S.Zaccaria Danieli站下船 041-5221257 ★★★★★

看点01 叹息桥 运送犯人的桥梁

叹息桥位于圣马可广场附近，横跨大运河上。这座桥最大的特点是完全封闭，就好像一个小小的房间。据说古代这里是运送死刑犯行刑的地方，常常能听到他们在桥上发出叹息声。如今这里是举世闻名的桥梁，甚至很多国家都会造同样的桥梁，并取一样的名字。

看点02 雷雅托桥 大运河上第一座桥

雷雅托桥是威尼斯大运河上第一座桥，最初是木桥，后来改建为石桥。至今这里一直都是威尼斯的贸易中心，连莎士比亚的《威尼斯商人》都将这里作为背景。如今这里还是热闹的市集，两大排的店铺出售各种商品，让人眼花缭乱。

看点03 雷佐尼科宫 威尼斯公共博物馆

雷佐尼科宫位于大运河的右岸，曾经是威尼斯当地贵族雷佐尼科家族的宅第，如今这儿已经是威尼斯的公共博物馆。宫殿内的装饰非常豪华，各种壁画都是出自名家之手。

看点04 黄金宫 金碧辉煌的宫殿

黄金宫是威尼斯最漂亮的哥特式建筑，里面的一砖一瓦都被涂上了金漆，闪闪发光，非常耀眼。现在这里是著名的法兰盖蒂美术馆，珍藏着这位绘画大师的很多作品。此外还有威尼斯画派从14世纪到18世纪的绘画珍品，可谓集欧洲绘画艺术之大成。

看点05 摩尔人小广场 看造型各异的摩尔人塑像

摩尔人小广场是一座在威尼斯并不起眼的小广场，这里因为有4座摩尔人的雕像而得名。这些雕像身着长袍，头戴大帽子，非常具有特色。而在广场周围还有著名画家丁托列托的故居，也引来了不少人参观。

看点06 葛拉西宫 法国大亨的私人展览馆

在意大利语中，“葛拉西”这个词有肥胖的意思，这也正符合这座白色宫殿宽阔厚重的线条风格。这里建于18世纪，因此很有当时新古典主义的风格。如今这里已经被法国时尚界大亨弗朗索瓦·皮诺所购下，成为他的私人展览馆，展出了2000多件他的珍贵收藏。

看点07 佛斯卡利宫 看典雅华贵的拱门

佛斯卡利宫位于黄金宫附近，这里最著名的当数佛斯卡利拱门，这座建筑造型好似一个凯旋门，是当时的威尼斯总督佛斯卡利所修建的。在门上雕刻有15世纪时的亚当和夏娃像复制品，也是人们观赏的重点。

看点08 佩沙洛宫 各种来自东方的收藏

佩沙洛宫是威尼斯大运河畔最古老的建筑之一，是威尼斯著名的建筑师格隆纳所设计的最后一座建筑。现在这里已经被改造成为东方博物馆，专门展出威尼斯和东方世界进行交流时所获得的各种珍贵文物。

看点09 圣斯达艾教堂 大运河畔的教堂

圣斯达艾教堂是一座面对大运河而建的教堂，这里始建于11世纪初，后于17世纪重建。教堂里装饰豪华精美，特别是那一幅幅巨大的油画更是这里不容错过的看点。

看点10 学院木桥

具有艺术韵味的木桥

学院木桥位于威尼斯的学院美术馆旁，最初人们用木头搭建此桥不过是想作为一座临时桥梁使用，桥虽为木质，但是充满了古典的美术韵味，和一旁的美术学院相得益彰。

看点11 文德拉明宫

由宫殿改建而成的酒店

文德拉明宫在15世纪时是威尼斯贵族们的居所，它位于一座小岛之上，人们需要乘船才能来到这里。如今这里已经被改建为酒店，据说剧作家瓦格纳就是在这里度过了生命中最后的日子。15世纪传统风格的客房配上最先进的设施，一定能满足每一位客人的要求。

看点12 土耳其人仓库

威尼斯自然历史博物馆

早在威尼斯共和国时期，这里就作为接待外宾和举行宴会的场所。而后来则被土耳其人改造成为仓库，他们使用这里囤货和上下货。如今这里展出很多有关威尼斯风土人情的展品。

07 艺术学院美术馆

威尼斯著名的艺术展馆

TIPS

Campo D.Carita 乘水上巴士在Accademia船站下船 041-5222247 6.5欧元 ★★★★

艺术学院美术馆是由一座古老的教堂改建而来的，它与一代伟人拿破仑有着很密切的关系。这个展馆是全世界收集威尼斯画派作品最为丰富的艺术馆，乔瓦尼·贝利尼、卡尔帕乔等艺术大师的作品在这里都能看到，因而成为艺术爱好者的必游之地。

08 圣方济各会荣耀圣母教堂

威尼斯的古老教堂

圣方济各会荣耀圣母教堂始建于13世纪早期，用了一百余年的时间才正式建成，拥有气势宏伟的哥特式风格，被人誉为“威尼斯的万神殿”。这里除了高大的尖塔和颜色绚丽的彩窗外，还收藏着大量精美的艺术品供人欣赏。

TIPS

Sestiere San Polo, 3072, 30125 Venice VE, Italy 乘1、82号水上巴士在S.TOMA站下船 041-5222637 2欧元 ★★★★

09 安康圣母玛利亚教堂

华美的巴洛克建筑

TIPS

Fondamenta della Dogana alla Salute, 30123 Venice, Italy 乘1号水上巴士在SALUTE站下船 041-5225558 圣器室1.5欧元 ★★★★

安康圣母玛利亚教堂建于16世纪黑死病肆虐的时代，是由当时威尼斯城邦政府主持修建的，并委托著名设计师巴达萨雷·隆格纳进行设计。这座教堂的正堂呈八角形，其顶部是巴洛克式的巨大圆顶，里面还悬挂着由著名艺术家提香所创作的顶棚画。

10 圣母小广场 赏

威尼斯的城市广场

Campo Santa Maria Formosa 在Rialto船站下船即可到达 ★★★★★

圣母小广场是一个充满悠闲氛围的城市广场，它的面积虽然不大，但四周都是精美的古老建筑物，是一个值得拍照留念的地方。这个广场周围有不少水城的知名建筑，著名的圣母教堂建于15世纪末，里面供奉的是士兵的保护神圣女芭芭拉。

---

11 圣乔治马乔雷教堂 赏

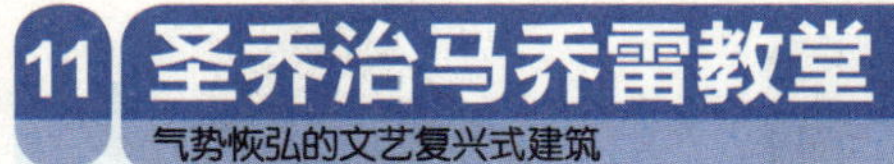

气势恢弘的文艺复兴式建筑

圣乔治马乔雷教堂建于16世纪中期，是威尼斯全盛时代遗留下来的建筑物之一，它那简洁大方的整体风格吸引了众多游人的目光。这座教堂最具魅力的地方是外墙上那13根高大的科林斯式圆柱，远远望去壮丽无比，进入教堂内部还可以看到许多精美的艺术作品。

30124 Venice, Italy 乘82号水上巴士在S.GIORGIO站下船 041-5227827 钟楼3欧元 ★★★★★

12 威尼斯海洋历史博物馆

全景展现威尼斯航海历史的博物馆

威尼斯海洋历史博物馆是介绍威尼斯航海历史的展馆，同时也是可以侧面了解威尼斯历史的地方。这个展馆分为多个区域，拥有众多的展品，其中有共和国时代总督坐的船、不同时代的航海用具、海军造船厂的示意图，以及意大利统一后的海军物品等。

TIPS

Sestiere Castello, 2148/a 30122 Venezia, Italia 乘1号水上巴士在ARSENALE站下船 041-5200276 1.55欧元 ★★★★

13 菜园圣母院

收藏丁托列托艺术品的教堂

菜园圣母院建于14世纪，是因为曾在它附近的菜园里发现圣母子像而得名。这座教堂的建筑风格精美，但最吸引游客的是这里收藏的众多丁托列托的艺术作品，其中包括著名的《圣母玛利亚的奉献》、《最后的审判》、《黄金小牛的牺牲》等佳作。

TIPS

乘41、42、51、52号水上巴士在MADONNA DELLORTO站下船 2.5欧元 ★★★★

14 佩吉·古根海姆美术馆 赏

威尼斯的后现代主义艺术展馆

TIPS

Dorsoduro, 704, 30123 Venezia, Italia 乘1、82号水上巴士在ACCADEMIA站下船 041-2405411 8欧元 ★★★★

佩吉·古根海姆美术馆在充满古典气息的威尼斯城内，是一处少见的展出近现代作品的艺术馆。这个展馆是由富豪佩吉·古根海姆的住宅改建而来的，里面收藏了毕加索、杜尚、波拉克和米罗等人的传世杰作，其他同时代画家的作品在这里也能见到。

15 利多岛 赏

享誉世界的度假胜地

TIPS

Lido Island 圣马可广场乘1、82、N线航船 ★★★★

利多岛位于威尼斯的东南方，是欧洲著名的度假胜地之一，来自世界各地的游客们可以在这里尽情地享受各种美妙的海滨风情。这里既有声色犬马的夜总会和酒吧，也有让人休闲放松的咖啡店，饭馆里的意大利风味则让人垂涎三尺。值得一提的是，这里还是著名的威尼斯电影节的举办地。

16 布拉诺岛

色彩绚丽的岛屿

布拉诺岛是威尼斯最具色彩魅力的岛屿，岛上的房屋外墙被涂抹上各种色彩，令人颇有眼花缭乱之感。这里还是著名的蕾丝品交易中心，来到这里的游客们可以选择购买各种精美的蕾丝花边物品，作为纪念品和礼品。

TIPS

位于威尼斯的东北部 San Zaccaria船站搭乘14号船，或在Fondamenta Nuova船站搭乘12号船 ★★★★★

17 穆拉诺岛

奇妙的玻璃之岛

TIPS

威尼斯的东北部 San Zaccaria船站搭乘41号船，或在Fondamenta Nuova船站搭乘12、13号船 ★★★★

威尼斯曾是欧洲著名的玻璃制作中心，而那些玻璃作坊则云集在穆拉诺岛上，至今仍留下不少有趣的痕迹。岛上的玻璃艺术博物馆是这里最不可错过的景点，来到该展馆的游客们不仅能够了解到威尼斯的玻璃制造业历史，还能看到许多精美的玻璃制品。

ITALY GUIDE

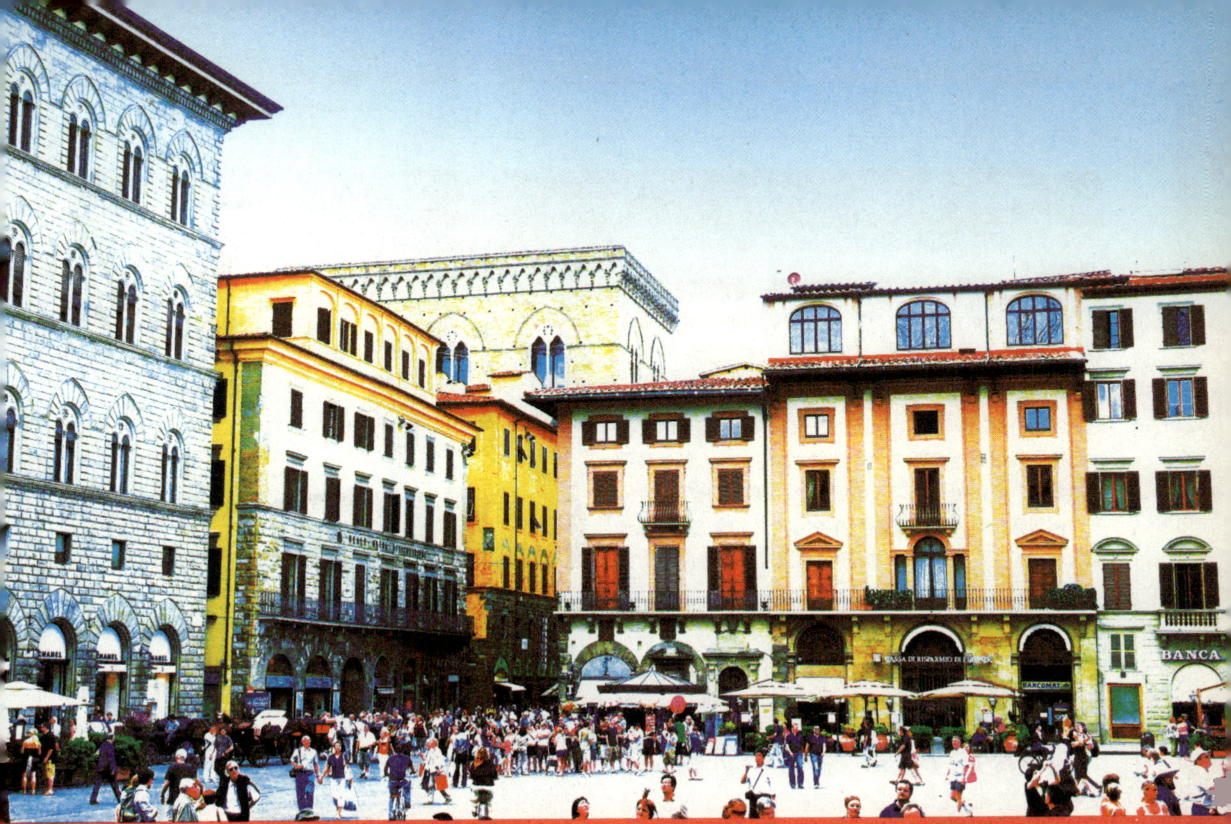

Italy

畅游意大利

10

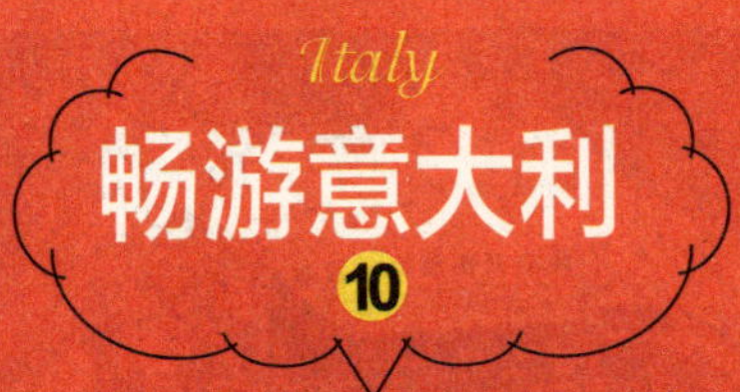

佛罗伦萨

佛罗伦萨在意大利语中是花之都的意思，我国诗人徐志摩曾将其翻译为“翡冷翠”。作为意大利首屈一指的艺术名城，历史悠久的佛罗伦萨在文艺复兴时期声名显赫，至今仍是公认的欧洲最美丽的城市之一。

01 乔托钟楼

赏

百花大教堂的巨大钟楼

Piazza del Duomo 055-2302885 6欧元

★★★★

乔托钟楼是圣母百花大教堂的钟楼，是文艺复兴时期著名的艺术大师乔托所设计的。这座钟楼高84米，和大教堂一样是哥特式风格，并且和大教堂的巨大红色穹顶交相辉映，显得更具气势。虽然这座钟楼以乔托的名字命名，但是乔托本人并没能看到钟楼的完工，他在建完第一层后就去世了，由其他两位建筑师将这座钟楼最后完成。

02 圣母百花大教堂

赏

佛罗伦萨的地标

Via della Canonica 1 055-2302885 ★★★★★

圣母百花大教堂是佛罗伦萨城内最著名的哥特式教堂，这里主要由大教堂、钟塔与洗礼堂等几个部分构成，其中大教堂外墙上使用红、白、绿三色大理石做装饰，显得颇具活力。屋顶的橘红色大圆顶十分醒目，从老远的地方就能看到，是佛罗伦萨最著名的地标。1982年，它作为佛罗伦萨历史中心的一部分被列入《世界文化遗产名录》。

看点01 《最后的审判》湿壁画

瓦萨里的传世名作

《最后的审判》湿壁画位于圣母百花大教堂的大穹顶之上，这是意大利著名画家瓦萨里的作品，他以强烈的风格展现了天堂中盛宴的场景和地狱中酷刑折磨的场面，极具压迫感，让人过目难忘。

看点02 圣雷帕拉达教堂遗迹

教堂的原身遗址

圣母百花大教堂建于5世纪的圣雷帕拉达教堂遗址之上，如今在大教堂的周围还能看到一些原先小教堂的痕迹。这正反映了当时基督教徒不断增多，而希望教堂规模不断扩大的社会现实。

看点03 大教堂美术馆

收藏教堂内的珍贵美术品

大教堂美术馆位于圣母百花大教堂一侧，这里主要收藏着大教堂内的各种艺术作品，包括米开朗基罗在80岁时“未完成的彼得像”，以及多纳泰罗的三位一体雕塑等，具有极高的艺术价值。

看点04 洗礼堂

教堂内历史最悠久的建筑

圣乔凡尼洗礼堂就位于大教堂西侧，是这里历史最悠久的建筑物，造型为八角形白色罗马式建筑，包括但丁、马基雅维利等在内的佛罗伦萨出生的人大多都在这里接受洗礼。洗礼堂的大门是这里最大的看点，其上有《旧约》故事的浮雕，被米开朗基罗誉为“天堂之门”。

03 领主广场

佛罗伦萨曾经的政治中心

TIPS

Piazza della Signoria ★★★★

领主广场是佛罗伦萨旧时王宫前的广场，早在佛罗伦萨共和国时期，这里是整个城市的政治中心。在这处L形的广场周围汇集了佛罗伦萨最多的古代建筑，包括佣兵凉廊、乌菲兹美术馆、商人法庭和乌古其奥尼宫等。而沿街的各种精美雕塑更为这里增添了不少艺术感，是佛罗伦萨人和各地游客的主要聚会地点。

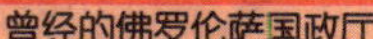

04 韦奇奥宫

曾经的佛罗伦萨国政厅

韦奇奥宫在佛罗伦萨共和国时期曾经是国政厅所在地，至今这里门口还悬挂着佛罗伦萨共和国的徽章。韦奇奥宫共分三层，其中第二层有一个16世纪的沙龙，这里曾经是佛罗伦萨共和国时期的会议室，到处都挂着瓦萨里的画作，而三楼的13世纪的沙龙更是装饰了精致的天花板壁画和绘有佛罗伦萨地图的壁毯，很有艺术价值。

TIPS

Piazzzza della signoria ☎055-2768224 ¥6欧元 ★★★★

05 乌菲兹美术馆

文艺复兴的艺术宝库

乌菲兹美术馆坐落于原来的意大利政务厅乌菲兹宫之上，这里主要以收藏文艺复兴时期欧洲各个画派代表人物的画作而闻名，包括达·芬奇、米开朗基罗、拉斐尔、丁托列托、伦勃朗、鲁本斯、凡·代克等人的画作在这里都有展示，此外还包括不少同时期的雕塑作品，被誉为“文艺复兴的艺术宝库”。

TIPS

Loggiata degli Uffizi　055-294883　6.5欧元　★★★★★

06 巴杰罗宫国家博物馆

赏

意大利最重要的国家博物馆之一

巴杰罗宫国家博物馆是意大利最重要的国家博物馆之一，这座博物馆的前身巴杰罗宫原本是佛罗伦萨的法院和监狱，样子好像一座阴森的堡垒。但是走进博物馆，人们立刻会被这里的各种精美艺术品所折服，在这里收藏着多纳泰罗、米开朗基罗等大师的作品。同时馆中还有古代陶器、纺织品、象牙制品、银器、盔甲和古钱币等，反映了佛罗伦萨各个时期人们的生活样貌。

TIPS

Via del Proconsolo 4　055-294883　4欧元　★★★★

07 圣天使报喜广场

简洁幽静的广场

圣天使报喜广场是佛罗伦萨一座略显幽静的广场，这座建筑是布鲁内雷斯基设计的。广场的造型相当简洁，文艺复兴式的风格也使得这里成为后世广场设计的一个典范。在广场上有一座同名的教堂，这是当年统治佛罗伦萨的美第奇家族所捐资修建的。而广场东面的孤儿院也很值得一看。

Piazza della Santissima Annunziata

08 艺术学院美术馆

米开朗基罗的杰作《大卫》

艺术学院美术馆成立于1563年，这里是欧洲最古老的以艺术教育为主的学院，主要以教授素描、绘画和雕刻等为主。而在艺术学院所属的美术馆中，则收藏着很多举世闻名的艺术珍品。其中最著名的当数米开朗基罗最杰出的作品《大卫》，这座雕像将人体的美完完全全展示了出来，是后世竞相效仿的经典。除了《大卫》，这里还有很多米开朗基罗的其他作品，也是值得一看的精品。

Via Ricasoli 60r　055-294883　6.5欧元

★★★★★

09 圣十字教堂

众多大师的安息之所

TIPS

Piazza di Santa Croce　055-244619　5欧元

★★★★

圣十字教堂是一座哥特式教堂，它从13世纪开始动工，一直到19世纪才彻底完工。这座教堂外形呈一个埃及十字形状，内部被划分为3个纵厅，内有10个礼拜堂。此外在这里还安放着包括但丁、米开朗基罗、伽利略、马基雅维利、罗西尼等历史名人的纪念碑或陵墓。漫步在这些纪念碑之间，很有一种和这些大师对话的感觉。

10 圣洛伦佐教堂

美第奇家族的私人礼拜堂

圣洛伦佐教堂是美第奇家族的私人礼拜堂，由布鲁内雷斯基所建的旧圣器室、米开朗基罗建造的新圣器室和17世纪修建的君主礼拜堂三部分组成。这三个部分风格和样式各不相同，前面的旧圣器室风格简练优雅，后面的新圣器室则存放着很多米开朗基罗的雕塑作品。此外，在教堂二楼还有圣洛伦佐图书馆，存放有美第奇家族所藏的共1万册古书。

TIPS

Piazza San Lorenzo　055-210760
3.5欧元　★★★★★

11 美第奇-里卡迪宫

巴洛克风格的宫殿

TIPS

Via Cavour 1　4欧元　★★★★

美第奇-里卡迪宫就位于圣洛伦佐教堂对面，建于1444年，是当时的佛罗伦萨统治者美第奇家族的居所，他们在这里住了80多年，后来在18世纪将宫殿卖给了里卡迪家族。后者将宫殿进行了大规模的巴洛克风格改造和装修。而在宫殿的小礼拜堂里还有一幅东方三圣朝觐耶稣的画像，但是其内容事实上是美第奇的出游图，画中人物众多，绘制生动，手法细腻。

12 美第奇礼拜堂

美第奇家族的墓地

TIPS

Piazza Madonna degli Aldobrandini 6 055-2388602

6欧元 ★★★★

美第奇礼拜堂就位于圣洛伦佐教堂旁，这里是美第奇家族的墓地所在，主要分作墓穴、八角形的君主礼拜堂和新圣器收藏室三部分，其中米开朗基罗设计的新圣器收藏室是这里最大的看点。在这里有一组《晨》、《暮》、《昼》、《夜》四座主题雕塑，是米开朗基罗创作盛期最后阶段的杰作。

* 中央市场

佛罗伦萨最著名的集市

中央市场是佛罗伦萨最著名的集市，在这里出售各种意大利本土生产的商品，是佛罗伦萨人的骄傲。而且在市场周围还有很多出售当地传统小吃的小店，在这里既能买到心仪的商品，也能大饱口福。

13 新圣母玛利亚教堂

来到佛罗伦萨的游客会最先看到的景点

Piazza Castello 02-88463700 2.5欧元

★★★★

新圣母玛利亚教堂建于13世纪，坐落在如今的佛罗伦萨火车站旁。这里是每个来到佛罗伦萨的游客都会最先看到的景点，从外观看，这里一点都不起眼，外墙呈土黄色，显得很是破败。但是走进教堂，满眼的湿壁画会让人将之前的印象一扫而光。教堂内就好像一座精美的画廊，各种宗教内容的壁画触目皆是，其中最著名的还是要数马萨其欧的《圣三位一体》壁画，是非常有名的教堂艺术之一。

新圣母玛利亚香料药草药房

看古老的草药制作过程

早在13世纪，新圣母玛利亚教堂中的教士就开始种植各种药草来制作药膏或乳霜，这一传统一直延续至今。如今在这里，很多药膏的配方都还是800年前的。而店里也颇具古典风格，还展示过去所用的各种工具，让人颇感新奇。

14 阿尔诺河老桥

花岗岩三孔拱桥

阿尔诺河自西向东穿过佛罗伦萨市，是佛罗伦萨人的母亲河。在河上有众多的古代石桥，而其中最漂亮、最著名的一座当数阿尔诺河老桥。这座桥建于12世纪，是佛罗伦萨少有的完整保留到今天的古桥。这是一座三孔拱桥，桥身由花岗岩制成。桥上两侧还建有一些民宅，就好像浮在桥面上一样，非常有趣。

TIPS

Ponte Vecchio　新圣母玛利亚车站步行20分钟

★★★★★

15 皮蒂宫

气势宏伟的宫殿

赏

皮蒂宫也是由佛罗伦萨知名的建筑师布鲁内雷斯基设计的，在1550年的时候这里被美第奇家族用作他们的主要居所。这座建筑正面长205米，高36米，用粗大的石块砌成，是佛罗伦萨最宏伟的建筑。皮蒂宫的外观相当纯粹，没有做多少修饰，只在一楼的窗户下修建了带有狮子头像的喷泉。使得整个宫殿好像一座大山，给人以强烈的印象。

TIPS

Piazza de' Pitti　055-213440　7欧元　★★★★

看点01 帕拉提娜画廊

美第奇家族的艺术收藏

帕拉提娜画廊是皮蒂宫里的重要组成部分，这里收藏了美第奇家族多年以来收集的各种珍贵的工艺品。包括拉斐尔、波提切利、提香等艺术家的作品。而收藏这些工艺品的沙龙里则更是画满了壁画，充满了浓浓的艺术气息。

看点02 波波里花园

典型的意大利花园

位于皮蒂宫内侧的波波里花园是一处典型的意大利式花园，在这里有人工钟乳洞和多个精美的喷泉，也有种满松树和杉树的树林，好像一处原始森林。在这里到处还夹杂着各种现代艺术的雕塑，让人觉得和四周的环境有些格格不入。

16 米开朗基罗广场

欣赏佛罗伦萨古城风光的好地方

米开朗基罗广场位于佛罗伦萨市区南端，这座广场建于1868年，是以在佛罗伦萨出生的艺术大师米开朗基罗的名字命名的。从广场中心向四周看，可以看到百花教堂那红色的圆顶、奔流的阿尔诺河以及各种古老的传统建筑，是欣赏佛罗伦萨古城风光的好地方。同时在广场上还有不少精美的雕像，正中央的《大卫》雕像更是人们关注的焦点。

TIPS

Piazzale Michelangelo ★★★★★

*《大卫》雕像

米开朗基罗著名作品的复制品

位于米开朗基罗广场中心的《大卫》雕像是举世闻名的米开朗基罗杰作的复制品。整座雕像使用青铜铸成，高5.5米的它具有人类最完美的肌肉比例，雕像中的大卫肌肉紧绷，眼神坚毅，显得相当自然，是米开朗基罗的艺术生涯中最为人们所称道的名作。

17 米开朗基罗博物馆 赏

米开朗基罗住所改建的博物馆

米开朗基罗博物馆建于米开朗基罗本人在佛罗伦萨的居所基础之上，这里最大限度地保存了米开朗基罗在这里的生活痕迹，陈列着不少米开朗基罗所使用过的绘画用具，以及他早期的画作和手稿等珍贵文物。除了这些外，米开朗基罗的作品也是必不可少的，这里珍藏的《楼梯上的圣母》是米开朗基罗15岁时候的作品，是他早期画作的典范。

Via Ghibellina, 70-red, 50122 Firenze, Italia 055-241752 ★★★★

18 圣米利亚特教堂 赏

佛罗伦萨最美丽的罗马式建筑

圣米利亚特教堂位于佛罗伦萨最高的地方，从这里可以俯瞰佛罗伦萨全城的景色。这是一座罗马天主教的主座教堂，被誉为“托斯卡纳大省最美丽的罗马式建筑”。它的外观以白色大理石为主，各种彩色大理石为装饰，而内部则有精美的壁画和镂空雕花装饰。同时这里也是很多名人的安葬地，其中最著名的要数童话《木偶奇遇记》的作者科洛迪。

Via del Monte alle Croci, 34, 50125 Firenze 055-2342731 ★★★★

19 但丁故居 赏

寻找但丁生活的痕迹

但丁故居位于佛罗伦萨市内一条叫做但丁街的小巷里。这座建筑是一座砖石砌成的小楼，外观上很不起眼，和周围相比也显得古旧。因为年代久远，所以其中的展室也显得相对陈旧，在这里收藏了不少有关但丁的图片和文字资料，其中还有《新生》、《宴会》、《神曲》等著作的羊皮纸手稿。此外，画家豪里达所绘的《但丁与贝特丽丝邂逅》也是这里的看点之一。

TIPS

Via Santa Margherita，1， 50122 Firenze， Italia 055-219416 ★★★★

20 圣灵教堂 赏

将简约变为风格的教堂

圣灵教堂始建于15世纪，也是建筑师布鲁内雷斯基的作品。这座教堂的最大特点就是它的外墙上光秃秃的，没有一点装饰，和别处花哨豪华的教堂比起来实在是简单到了极致。因此如今经常有各方设计师为这里的外墙设计图案，有的精美，有的搞笑，把各种奇思妙想发挥到了极致。而教堂内却是五脏俱全，中央有一座木质十字架耶稣像，是米开朗基罗的作品。

TIPS

Piazza di Santo Spirito ★★★★

ITALY GUIDE

Italy

畅游意大利

11

比萨

比萨在古罗马帝国时代曾经是一处重要的海港城市，在中世纪时还曾经是地中海西岸一个强大的国家，直到13世纪这里都是欧洲文化、艺术、科学、数学最繁盛的城市。

01 比萨大教堂

罗马式教堂建筑的典型代表

比萨大教堂是意大利罗马式教堂建筑的典型代表。这座教堂平面呈长方的拉丁十字形，长95米，四周有68根科林斯式石柱围绕。教堂内所有的建筑都被红白相间的围墙围拢在一个院子里，通过西南角的一个大门和外界连通，就好像一座城市。可以说这座教堂是中世纪时期能工巧匠们的伟大杰作，开创了罗马-比萨这一新建筑风格，是著名的宗教遗产。

Piazza del Doumo 乘火车在比萨车站下 050-560464 2欧元 ★★★★★

02 洗礼堂

拥有巨大圆顶的洗礼堂

TIPS

Piazza dei Miracoli 5欧元 ★★★★★

洗礼堂位于比萨大教堂前方，这里的历史最早可以追溯到12世纪。这座建筑是标准的罗马式，有大大的圆形屋顶，在屋顶上矗立着高大的施洗者约翰的雕像。在洗礼堂内可以看到著名的雕塑家皮萨诺所作的雕塑《诞生》，其反映了耶稣降生时一瞬间的场景。在这里还有一个好像浴缸大小的洗礼盆，而且讲解员也会利用这里特殊的声光效果为人们介绍这里的历史。

03 比萨斜塔

赏

斜而不倒的百年谜题

比萨斜塔是著名的比萨大教堂的钟楼，在它完工后不久就因为土层的松软和地基的问题开始倾斜，是比萨城闻名全世界的标志。比萨斜塔之所以出名并不只是因为它的斜度，也不是伽利略那次举世闻名的实验，而是塔上充满艺术魅力的各种浮雕。可以说塔上每一块砖都是艺术珍品，同时使得塔身坚固非常，在数百年间虽然倾斜却屹立不倒。

TIPS

Piazza del Doumo 搭乘火车在比萨车站下 050-560464 15欧元 ★★★★★

04 墓园

庭院一般的墓园

墓园也是比萨大教堂广场上的一个组成部分，建于13世纪。这里与其说是墓地，不如说是一个用大理石围墙围起来的庭院。墓园呈长方形，地面上芳草萋萋，四周都为雕花长窗所包围，其中安放着很多雕塑和石棺。每一座石棺上都刻画着精美的浮雕，简直是一件件出色的艺术品。

TIPS

Piazza dei Miracoli　5欧元　★★★★★

05 荆棘的圣母玛利亚教堂

世界上最小的教堂

荆棘的圣母玛利亚教堂号称世界上最小的教堂，虽然规模很小，但是艺术感却一点也不少。这座教堂顶上和著名的米兰大教堂一样有无数尖塔，整体是用白色大理石建成，虽然在气势上不是那么宏伟，但却平添了一种小巧精致的感觉。教堂内供奉着据说是耶稣临刑前所戴荆棘冠上的一根刺，很多人为了亲眼见识一下这件圣物而来到这里。

TIPS

Lungarno Gambacorti　1.5欧元　★★★★

06 大教堂广场

使用白色大理石建成的广场

比萨大教堂广场也称奇迹广场，是由著名的艺术家皮萨诺所主持设计的。这座广场最大的特点在于它整个都是用白色大理石砌成的，广场四周围绕着比萨大教堂、洗礼堂和比萨斜塔这三大世界闻名的建筑物，因此这里在1987年被列入《世界文化遗产名录》，成为比萨最为引人注目的标志。

TIPS

Piazza del Doumo　乘火车在比萨车站下　050-560464　★★★★★

07 骑士广场

比萨曾经的政治中心

骑士广场原本是在古罗马帝国时期比萨的议事广场，后来被改造成为圣斯蒂法诺骑士团的总部。在这里有巍峨的骑士宫，有神圣的圣斯蒂法诺教堂，还有一座骑士团创始人科西莫一世的雕像。除此之外，在广场周围还有很多古典风格的房屋，使得广场显得空旷而幽静，完全没有罗马或是米兰这种大城市广场的喧闹感，更能让人体验一种古典的怀旧风情。

TIPS

Piazza dei Cavalieri ★★★★★

骑士宫

被改建成大学的骑士团团部

骑士宫是骑士广场上最主要的建筑，这里原本是比萨的市政府所在地，在中世纪时期比萨被佛罗伦萨打败，这里也被改建成了圣斯蒂法诺骑士团的团部。如今这里已经是比萨最知名的学府——比萨高级师范学校的校舍，原本骑士们的肃杀之气已经被书卷气所取代，只留下宏伟的建筑供人凭吊。

ITALY GUIDE

Italy

畅游意大利

12

那不勒斯

那不勒斯曾经是古罗马帝国时代奥古斯都大帝最爱的避寒胜地，地处阳光明媚的意大利南部，盛产各种食材，可品尝口味独特的意大利南部料理。

01 那不勒斯王宫

赏

波旁王朝时期的王宫

那不勒斯王宫位于那不勒斯市内的普雷比席特广场对面，建于1600年，后于18世纪时变为波旁王朝的王宫。在王宫正面的巨大墙壁上安放着8尊国王的大理石像，而王宫后部还有漂亮的御花园。这座王宫在1925年时被意大利政府改为国家图书馆，同时也对外展出这里收藏的艺术品和绘画作品，成为那不勒斯最重要的历史名胜。

TIPS

Piazza del Plebiscit　在中央车站搭乘R2巴士在Pza.Trieste e Trento站下　081-400547　4欧元

★★★★★

* 公民投票广场

那不勒斯人重要的休息和游览场所

公民投票广场是那不勒斯人重要的休息和游览场所，早在1861年，这里举行了意大利南方整体加入领导意大利独立的萨伏依王国的全民投票，广场因此而得名。这里有模仿古罗马遗迹的半圆形柱廊，是如今那不勒斯的象征。

02 圣洛伦佐马乔雷教堂

历史爱好者的上佳去处

圣洛伦佐马乔雷教堂是一座始建于13世纪的教堂，这里因为安葬着奥地利女王凯瑟琳而被人关注，凯瑟琳的墓碑如今还矗立在教堂内圣坛的右侧，成为教堂内的一大看点。而著名的意大利诗人彼特拉克也在这里居住过。此外，在这座教堂的下面是具有古希腊和古罗马风格的城市遗址，而且保存颇为完好，是历史爱好者们的好去处。

TIPS

Piazza San Gaetano 316 乘地铁FS线在Piazza Cavour 站下 081-2110860 9欧元 ★★★★

03 翁贝托一世拱廊

那不勒斯市内最著名的购物区

翁贝托一世拱廊是那不勒斯市内最著名的购物区，面对主干道托雷多大街。这里和米兰的维托里奥·艾曼纽二世拱廊十分类似，顶上用巨大的玻璃穹顶覆盖起来，两侧是用大理石建成的传统风格建筑，看起来就好像一座水晶宫殿，也被当地人昵称为“玻璃宫”。在这里购物有一种身处画廊中的感觉，好像连买卖商品也成了优雅的享受。

Piazza Trieste e Trento 在中央车站搭乘R2巴士在Pza.Trieste e Trento站下 ★★★★★

04 新堡

那不勒斯曾经的统治中心

赏

TIPS

Largo Castello　乘R2公共汽车在慕尼奇皮欧广场下
081-4201241　5欧元　★★★★★

新堡又名安焦城堡，始建于13世纪，是当时统治那不勒斯的安吉文家族的官邸，15世纪阿拉贡家族加以重建而成为现在的规模。城堡坐落于海边，通过那不勒斯最繁华的翁贝托大道和一群传统建筑相连接。在入口处有一座纪念阿方索一世入城的凯旋门，上面雕刻有精美的浮雕。而城堡内则被开辟为画廊和城市博物馆，陈列着一些反映那不勒斯历史的文物和艺术品。

05 那不勒斯地下世界

神秘的地下城

TIPS

Piazza San Gaetano 68 乘地铁FS线在Piazza Cavour 站下 081-296944 9.5欧元 ★★★★

在那不勒斯市内有一个圣盖塔诺广场，广场四周都是狭窄的小巷，乍看起来一点也不起眼。但是通过在广场边的一个入口，人们就能来到那不勒斯最神秘的地方：地下城。这处地下城据说已经有千年历史，最初是古罗马时期的采石场。同时这里也是那不勒斯的地下供水中心，有各种设施，甚至还有一座露天剧院。目前地下城所开放的部分只是其三分之一，还有更多的秘密在等着人们去探寻。

06 国立那不勒斯考古博物馆

意大利南部最大的博物馆

国立那不勒斯考古博物馆是意大利南部最大的博物馆，这里收藏的古罗马和古希腊的各种文物在意大利堪称一绝，其中很大一部分都是从庞贝、赫库兰尼姆这样的古城遗迹中发掘出来的。这些精美的文物占据了这里40多个展室的15个展室，其中《雅典娜》、《掷标枪者》等雕塑是这里的镇馆之宝。

TIPS

Piazza Museo Nazionale 19 乘地铁在Piazza Cavour 站下 081-4422149 6.5欧元 ★★★★

07 那不勒斯大教堂 赏

收藏有圣人血液的教堂

那不勒斯大教堂是1272年由当时安茹伯爵家族的查尔斯一世下令修建的。教堂拥有宽阔的中堂、华贵的天顶，而且因为收藏着4世纪时的殉教者、那不勒斯的主保圣人兼保护人圣真纳罗的遗体而闻名。值得一提的是，在这里有一间为圣人而修的礼拜堂，里面存放着一小瓶圣人的血，一年中会有三次人们将血瓶取出，带去大街上游行，祈求城市的平安。

乘地铁FS线在Piazza Cavour 站下 ☎081-449097 ★★★★★

08 米格勒古老比萨屋 吃

比萨饼诞生地的古老口味

说起比萨饼，很多人都会以为它发源自比萨，但是事实上，这种风靡全世界的食品却是那不勒斯人发明的。这家米格勒古老比萨屋据说就是那不勒斯最古老的比萨店，这家店里的比萨总共只有两种口味：普通型和双份奶酪型。但是别看它品种少，吃到嘴里的那种感觉却让人难忘，薄、软、黏的口感和别处的比萨大不相同。

TIPS

Via Cesare Sersale 1-3-5-7 ☎081-5539204 ★★★★

09 圣卢西亚港

那不勒斯风光最集中的地方

TIPS

Porto Saint Lucia 在中央车站搭乘R2巴士在Pza. Trieste e Trento站下 ★★★★★

圣卢西亚港是那不勒斯风光最集中的地方，著名的民歌《桑塔露琪亚》所唱的就是这里的美景。一条2公里长的海滨大道横穿整个港区，大道两侧最引人注目的当数市立公园，这里有花坛、喷泉和雕塑，所有景色都掩映在浓密的绿荫之中。在公园内还设有动物中心，里面还有欧洲最古老的水族馆。漫步在圣卢西亚港还能看到渔民们在修补小船和渔网，一派和谐的生活景象。

10 圣艾尔莫城堡

那不勒斯曾经的防御要塞

圣艾尔莫城堡和圣马蒂诺博物馆相邻，位于那不勒斯城的最高处，从这里可以俯瞰那不勒斯城内的美丽风景。中世纪时期，这里是那不勒斯重要的防御要塞，整座城堡外观呈星形，不过这可不是为了美观，而是一种十分常用的防御设施。在城堡里还摆放着当年使用的大炮等设施，依稀还能感受到当年的金戈铁马。

Via Tito Angelini 20 乘地铁FS线在Montesanto站下 081-2294589 3欧元 ★★★★

11 圣马蒂诺博物馆

展示那不勒斯的古老文物

圣马蒂诺博物馆坐落于那不勒斯的圣卢西亚区，这是一座修建于14世纪的巴洛克式建筑，最初是一座笛卡尔教派的修道院。如今这里收藏着很多那不勒斯古老的文物，如向人们展示耶稣诞生的实景以及圣诞马槽等。而原本的修道院遗址也完好地保留着，也是人们参观的一大热点。

TIPS

Largo San Martion 5 在Montesanto站乘缆车上山 081-2294589 ★★★★

12 圣奇拉教堂

赏

巴洛克风格的教堂

圣奇拉教堂是一处位于那不勒斯南部的教堂，主要有修道院、墓地、考古博物馆三个部分。这座教堂在二战期间毁于战火，战后随着它的重建，正式标志着那不勒斯开始复兴的过程，因此有着重要的意义。如今这里早已修复一新，恢复了过去的巴洛克风格，里面还保留着18世纪的回廊，很具艺术价值。

TIPS

Via Santa Chiara 49/C 乘地铁FS线在Piazza Cavour站下 081-5516673 5欧元 ★★★★

＊ 新耶稣教堂广场

古城区扩展的见证

新耶稣教堂广场位于那不勒斯古城区的西部边界上，是当年西班牙总督统治时期城区向西扩展的结果。广场上主要有新耶稣教堂、圣奇拉教堂和无玷圣母尖顶等建筑，是一处具有浓厚宗教韵味的广场。

13 卡波迪蒙美术馆

世界上最美的美术馆

卡波迪蒙美术馆位于那不勒斯的卡波迪蒙山上，号称世界上最美的美术馆。这里曾经是波旁王朝的王宫，四周都是美丽的花园。美术馆里面则珍藏着绘画、瓷器、壁毯、兵器、盔甲和金银器等，其中绘画包括了从13到17世纪很多意大利伟大画家的作品。此外，这里还展示有18世纪当地出产的各种优质瓷器，这些瓷器大量采用镶金和多彩釉工艺，十分华丽，展现了当时欧洲制瓷的最高水平。

TIPS

Via Miano 2 乘M4或515号线巴士在Porta Piccola站下 081-7499111 7.5欧元

14 那不勒斯蛋堡

小岛上的古堡

那不勒斯蛋堡是那不勒斯最古老的城堡，它建于那不勒斯旁的Megarides岛上，自古以来一直都是守护海疆的要塞。它见证了无数历史事件，西罗马帝国最后的皇帝罗慕路斯最后也是被流放在这里。站在蛋堡上遥望大海，看着远方那海天一色的天际，让人平添一种对大自然的敬仰之情。

TIPS

Borgo Marinaro 081-415002 ★★★★

ITALY GUIDE

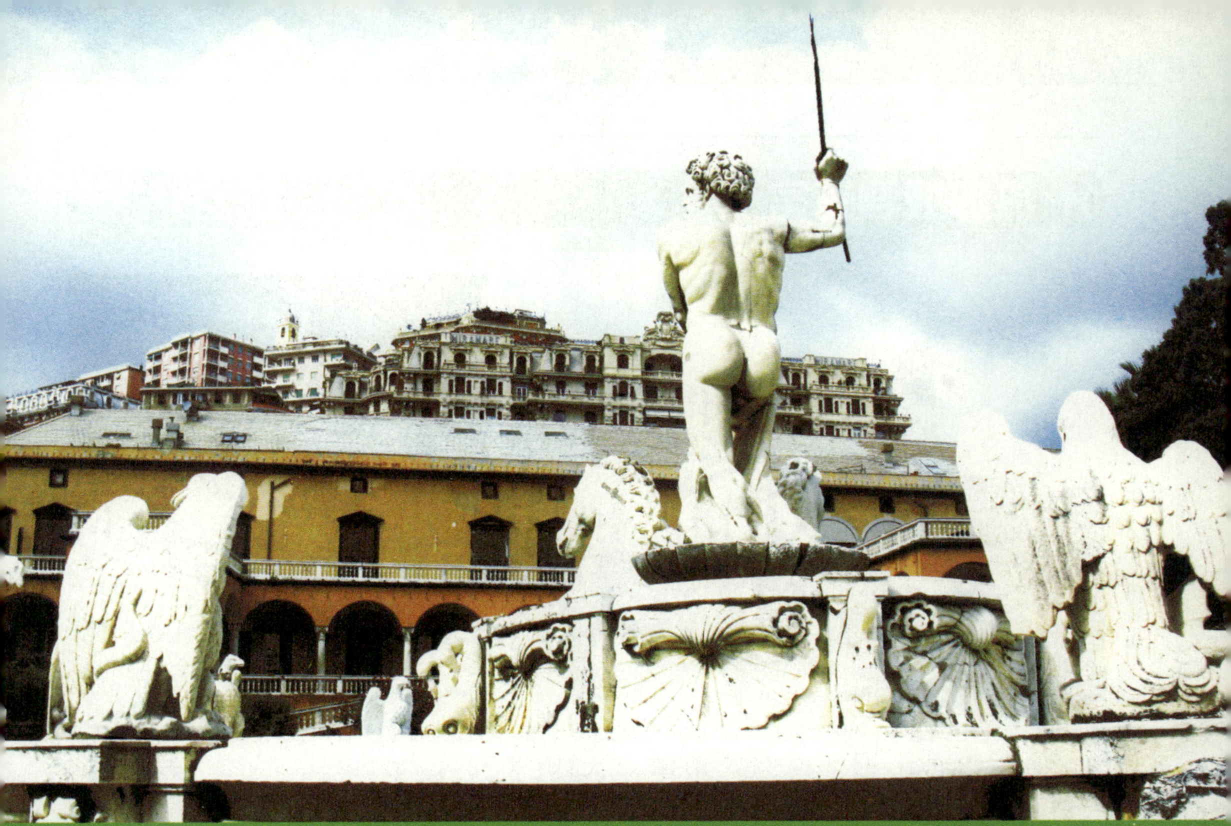

Italy

畅游意大利

13

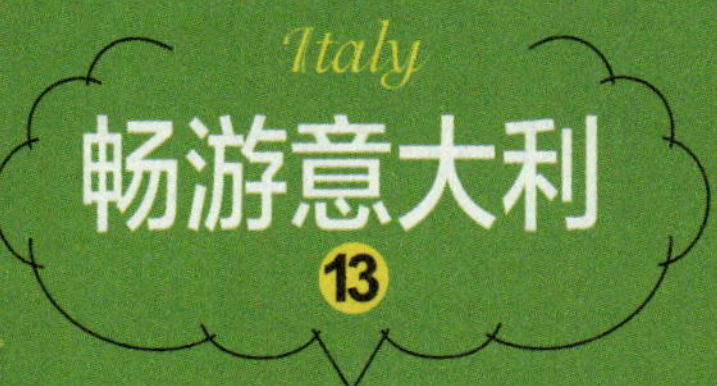

热那亚

历史悠久的热那亚是著名的旅游胜地，热那亚港更是从古罗马帝国时期至今一直使用的世界著名港口，而加里波第大道则堪称露天建筑博物馆，沿街林立着众多不同时代的华美建筑。

01 热那亚君王宫

热那亚最具魅力的中世纪宫殿建筑

TIPS

Piazza del Principe 4　010-25550917

★★★★★

热那亚君王宫修建于15世纪，是当时该地区的统治家族的王宫，因此这组建筑群既有华贵典雅的风范，又有雄伟壮观的气势。这组建筑融合了多个建筑艺术流派的精髓，高大的哥特式尖塔、华丽的巴洛克式圆顶、简洁大方的希腊式圆柱，在这里都能看到。热那亚君王宫还收藏了许多珍贵的艺术品，它们都具有很高的欣赏价值。

02 加里波第大道

逛

热那亚著名的旅游街

Via Garibaldi　★★★★★

加里波第大道是为纪念意大利民族英雄加里波第，而以英雄名字命名的道路，集旅游、休闲、购物等多功能于一体，是热那亚著名的旅游景点之一。漫步在这条道路上的游客们可以看到不同时代的经典建筑物，它们的风格各不相同，但都是建筑艺术的代表作。加里波第大道还是热那亚著名的美食街，游人们可以在这里品尝各种意大利美食。

看点01 宫殿和艺术馆中心 热那亚的公共艺术馆

建造于17世纪的宫殿和艺术馆中心具有典雅大方的建筑风格，原本属于Brignole Sale家族，在19世纪被捐献出来，成为当地著名的艺术展馆。

看点02 比安科宫 绰号为"白宫"的博物馆

比安科宫是一栋16世纪的建筑物，有着鲜明的文艺复兴式风格，因其墙壁为白色，而被当地人称为"白宫"。这里现在是一个公共艺术馆，里面陈列着很多精美的艺术品。

03 热那亚圣洛伦佐教堂

热那亚地区的宗教中心

TIPS

Via T.Reggio 17 ☎010-865786 ★★★★★

圣洛伦佐教堂是热那亚地区的主教堂，具有悠久的历史和传奇色彩，是当地的标志性建筑之一。这座建于11世纪的哥特式大教堂，有着雄伟庄严的气势，大门上拥有华美的浮雕，室内则充满了古罗马式的神圣气息。游览圣洛伦佐教堂的人们还能看到坚固的大理石柱，其间则是一幅幅精美的壁画，令人目不暇接。

★ 圣洛伦佐地下博物馆 著名的基督教博物馆

圣洛伦佐地下博物馆收藏了不同时期的宗教艺术品和纪念品，具有很高的欣赏价值和文物价值，其中以神圣罗马帝国皇帝红胡子腓特烈一世所用过的物品最为珍贵。

04 热那亚王宫

文艺复兴时期的著名建筑

TIPS 

Via Balbi 10 010-27101 ★★★★★

热那亚王宫是著名的古典建筑，它是一组华美的文艺复兴式建筑群，是游人们来到热那亚不可错过的景点。这座建筑既有高大的尖塔式门楼，又有各种精美的装饰，室内还悬挂着不同时期的艺术作品，它们具有很高的欣赏价值。热那亚王宫的阁楼上鲜花盛开，芳香四溢，被誉为“空中花园”。

05 法拉利广场

人潮涌动的繁华广场

法拉利广场是热那亚最为繁华的地方，也是这个城市的中心广场。漫步在广场上环顾四周，可以看到这里遍布着众多不同风格的建筑艺术佳作，其中比较著名的有古典风格的圣洛伦佐教堂、耶稣教堂、热那亚总督公馆等景点。而其他现代化的高楼大厦则与它们交相辉映，令人赞叹不已。

TIPS

Piazza De Ferrari ★★★★★

看点01 耶稣教堂

典雅的宗教建筑

耶稣教堂建于1597年，是法拉利广场上最具吸引力的景点之一。它看似平凡无奇，但教堂内部收藏着两幅鲁本斯的名画，因此吸引了众多艺术爱好者的目光。

看点02 热那亚总督府

华美的中世纪建筑

热那亚总督府建于14世纪初，一直是这一地区的政治中心，后来被辟为综合性展馆，向公众开放。来到这里除了能看到精美的艺术品，还能看到热那亚历任总督的画像。

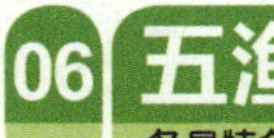

06 五渔村 逛

各具特色的五处景区

TIPS

Localit à Pie' di Legnaro, 19015 Levanto La Spezia
热那亚君王广场或布里纽雷火车站乘火车在蒙特罗梭站下
0187-801252 ★★★★

五渔村是意大利著名的旅游景区，五个悬崖边的村镇虽然彼此相连，但各具特色，让来到这里的人们无不流连忘返。游客们在这里既可以在蔚蓝色的大海中畅游，也能在沙滩上享受日光浴，还可以品尝当地的各种美味佳肴。五渔村还有一望无际的葡萄园和充满地中海风情的乡村建筑，而位于里奥马焦雷悬崖上的“爱之路”则是一个很有特色的景点。

07 热那亚港口

充满现代化气息的古老港口

TIPS

Via De Marini, 53, 16149 Genova 010-462635
★★★★

热那亚港口是全球最为古老的港口之一，它建于古罗马帝国时代，迄今已有两千多年的历史。漫步在港口的岸边上可以看到这里的独特风情，旧时的各种遗迹与现代化的设施并存，有着独特的时空交错的美感。“彼格”是热那亚港口地标式建筑，游客们可以乘电梯到其顶部俯瞰波澜壮阔的大海，欣赏热那亚优雅的城市风情。

ITALY GUIDE

Italy

畅游意大利 14

西西里

历史悠久的西西里岛是地中海上最大的岛屿，岛上四季如春，风光旖旎，自古以来就是意大利乃至地中海著名的度假观光胜地。

01 巴勒莫诺曼王宫

赏

混搭风格建筑的典范

巴勒莫诺曼王宫位于艾曼纽尔大街上，这座宫殿是阿拉伯人占领时期所建，1200多年来先后被拜占庭、诺曼、阿拉伯等地的风格所浸染，成为混搭风格的典范建筑，在世界建筑史上占有重要的地位。如今这里用作西西里大区议会办公开会的场所，依然是巴勒莫重要的政治中心。

TIPS

Piazza Indipendenza 1　091-591105　7欧元

★★★★★

＊ 帕拉提娜礼拜堂

金碧辉煌的礼拜堂

帕拉提娜礼拜堂位于诺曼王宫的二楼，虽然从外观看这里并不大，但是里面金碧辉煌的装饰足以让人眼花缭乱。在这里可以看到各种精美的壁画和贴金的装饰，在教堂内明亮的灯光映衬下显得分外耀眼。

02 巴勒莫大教堂

多民族风格融合的教堂

Via Vittorio Emanuele 091-3343765 ★★★★★

巴勒莫大教堂是巴勒莫最著名的教堂，首先值得一提的是这里的广场，这座广场四周是封闭的，每根栏杆上都雕刻着不同的圣人像。而大教堂本身是一座金色石头砌成的建筑，建造在原本的清真寺基础之上，因此这里融合了多民族的建筑风格。哥特式的拱门、罗马式的圆顶、文艺复兴式的装饰、南西班牙风格的门廊等，都让这座教堂散发着特别的魅力。

03 喜舍圣乔凡尼教堂

赏

具有东方风格的教堂

Via dei Benedettini 3 091-6515019 6欧元 ★★★★

喜舍圣乔凡尼教堂位于诺曼王宫旁，这座教堂建于公元6世纪，后来当穆斯林占领西西里岛时，这里又被改造成了清真寺。而当诺曼人在12世纪确立了在意大利南部的统治之后，这里又重新被改建成教堂。正因为有这多舛的命运，这里浓缩了阿拉伯和诺曼两种建筑风格，有人形容它“即使是放在大马士革或是巴格达也毫无问题”。

04 拉马尔特拉纳教堂

赏

华丽精细的马赛克镶嵌画

拉马尔特拉纳教堂位于巴勒莫圣卡塔尔德教堂附近，这座教堂建成于12世纪，其中最出名的当数教堂内的马赛克镶嵌画，这些镶嵌画制作十分精细，有点类似于威尼斯的圣马可大教堂。教堂内大部分都是拜占庭风格的装饰，还有一少部分巴洛克风格的，这种混搭起来的效果更使得教堂具有独特的美。

TIPS

Piazza Bellini 3　091-6161692　★★★★

05 圣卡塔尔德教堂

赏

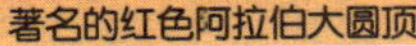

著名的红色阿拉伯大圆顶

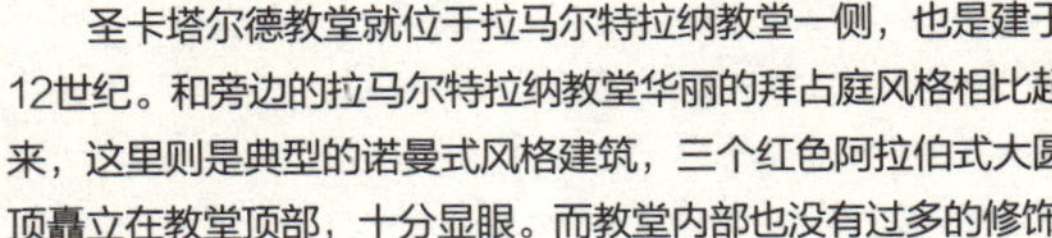

圣卡塔尔德教堂就位于拉马尔特拉纳教堂一侧，也是建于12世纪。和旁边的拉马尔特拉纳教堂华丽的拜占庭风格相比起来，这里则是典型的诺曼式风格建筑，三个红色阿拉伯式大圆顶矗立在教堂顶部，十分显眼。而教堂内部也没有过多的修饰，天顶显得很宽阔通透，更使得这里显出庄严肃穆的氛围。

TIPS

Piazza Bellini 2　091-6161692　2欧元　★★★★

06 维契里亚市场

逛

巴勒莫最著名的露天集市

TIPS

Piazza della Concordia　★★★★

维契里亚市场是巴勒莫最著名的露天集市，这里除了周日外全天营业。“维契里亚”在西西里语中是“混乱”的意思，这是说这里充满各种叫卖声和长长的顾客队伍，可见这里的热闹程度。如今这里出售各种肉类、蔬菜、水果、衣服、饰品等货物，那富有西西里特色的叫卖声也依然清晰可闻，是体验巴勒莫人日常生活的最好去处。

07 西西里地方美术馆 赏

西西里岛最大的美术馆

TIPS

Via Alloro 4　091-6230000　8欧元

★★★★★

西西里地方美术馆是整个西西里岛最大的美术馆，这座美术馆建于15世纪的阿伯特里斯宫内，收藏着来自整个西西里岛的各种精美艺术品。其中有一幅作者不明的题为《死之凯旋》的工笔画最为著名，这幅画创作于15世纪，虽然不知道作者是谁，但是画工精湛，堪称同类作品中的佼佼者。此外，这里还收藏了西西里画家默西那的四幅代表作。

08 马西莫剧院 娱

意大利最大的歌剧院

TIPS

Piazza Giuseppe Verdi　091-6053555　★★★★★

马西莫剧院位于巴勒莫的威尔第广场上，这里是意大利最大的歌剧院，也是欧洲仅次于巴黎歌剧院和维也纳国家歌剧院的第三大歌剧院。这家歌剧院的建筑灵感来自于巴勒莫各地的古代建筑，外部采用新古典主义风格，融入了希腊神庙元素。剧院内可容纳1350人，7层观众席呈马蹄形围绕着舞台，出色的音响效果让人在任何一个位置都能听得清清楚楚，可以让人们尽情地享受音乐的乐趣。

09 王室山

巴勒莫著名的宗教建筑群

逛

TIPS

巴勒莫西南 091-6404413 ★★★★

王室山位于巴勒莫西南，这里是从一个小小的教会慢慢发展起来的。如今位于这里的王室山主教堂更是成为意大利最著名的教堂之一。这座教堂可以说是诺曼式建筑的集大成者，将古老的诺曼风格和拜占庭风格很好地融合在一起。而前后长达11年的修建时间也使得这里历经了精雕细琢，内部遍布着金光闪闪的马赛克，形成42幅精美的镶嵌画，都是以圣经内容为主。此外，一小部分巴洛克风格的浮雕也为这里增色不少。

10 蒙黛罗 玩

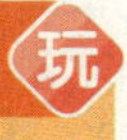

西西里岛最美的海湾

蒙黛罗位于西西里岛北部，距离巴勒莫不远。这里是西西里岛上最美的一处海湾。这里海水干净湛蓝，海中点缀着点点白帆，海湾四周还坐落着许多别墅式风格的小酒店和出租的度假公寓，是度假休闲的最好地方。而海滩背后则是怪石嶙峋的悬崖峭壁，上面生长着很多仙人掌、棕榈树等热带植物，也让人涌起一种探险的兴趣。

TIPS

Piazza Sturzo乘806号公共汽车可到 ★★★★★

11 阿格里真托 逛

曾是人间最美的城市

阿格里真托位于西西里岛南岸，自公元6世纪开始就已经是一座著名的城市了，曾先后被迦太基人、罗马人、拜占庭人和阿拉伯人所统治，留下了很多他们的遗迹。如今这里依然保持着古老的生活节奏，到处是传统的房屋建筑，还有不少只剩下残垣断壁的神庙遗址，已经很难看出这里曾经被人们誉为“人间最美的城市”。

TIPS

巴勒莫乘Cuffaro巴士在阿格里真托站下 800-236837（游客服务中心）★★★★★

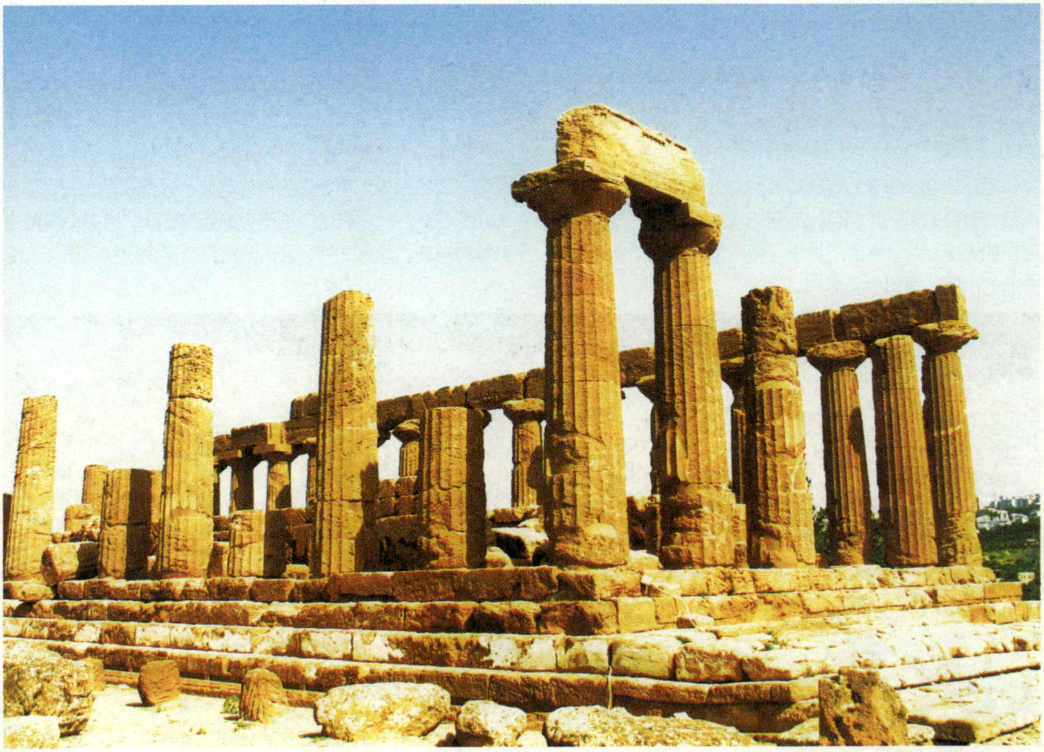

看点 01 神殿谷

大量的古希腊神殿遗迹

神殿谷是阿格里真托最著名的景观，围绕着一座小山丘建有大量的古希腊式神殿，其中协和神殿是这里规模最大、保存最为完好的一座。形制类似希腊的帕特农神庙，四周立有很多高大的石柱，十分壮观。

看点 02 考古学博物馆

了解西西里岛的历史

考古学博物馆是全面了解西西里岛历史的最佳去处，在这里能看到各种古希腊风格的青铜器、石棺、陶器等等，尤其是塞利努特神庙出土的古希腊艺术品和锡拉库萨出土的青铜器《羊像》最为著名。

12 尼阿波利考古公园 玩

锡拉库萨最大的古代遗迹群落

TIPS

Via S.Sebastiano 43　锡拉库萨火车站步行即可到

0931-481200　★★★★★

尼阿波利考古公园是锡拉库萨最大的古代遗迹群落。走进公园，满眼都是荒草萋萋的古代遗址，有椭圆形的古罗马竞技场，有只剩下一片白色大理石的希腊剧场。不过这里最著名的还是要数古代采石场，这里有一处被称作“狄奥尼索斯之耳”的人工洞穴，在洞里发出任何声音都会被扩大好多倍，十分神奇有趣。除此之外，公园附近还有不少出售当地传统纪念品的小店，显得很是热闹。

13 圣乔凡尼教堂墓窖

罗马基督教的圣地之一

圣乔凡尼教堂墓窖始建于拜占庭帝国时期，传说其旧址曾经是3世纪时的圣人St. Marcian殉教后下葬的地方，是基督教世界的圣地之一。在圣乔凡尼教堂墓窖内，现今依旧安放着上千具骸骨，此外还有不同年代的壁画和原始符号。

TIPS

锡拉库萨火车站步行20分钟可到 0931-64694 3.5欧元 ★★★★

14 流泪圣母教堂

造型前卫的教堂

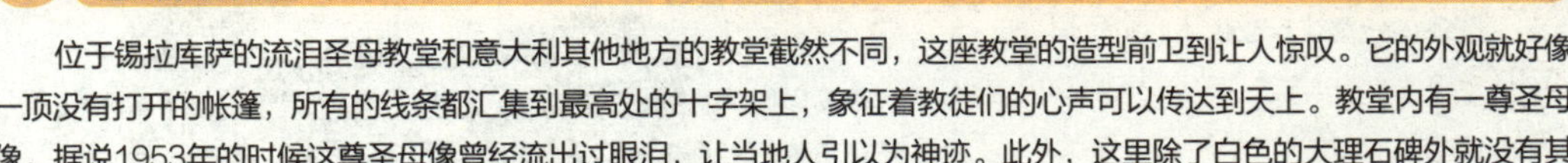

位于锡拉库萨的流泪圣母教堂和意大利其他地方的教堂截然不同，这座教堂的造型前卫到让人惊叹。它的外观就好像一顶没有打开的帐篷，所有的线条都汇集到最高处的十字架上，象征着教徒们的心声可以传达到天上。教堂内有一尊圣母像，据说1953年的时候这尊圣母像曾经流出过眼泪，让当地人引以为神迹。此外，这里除了白色的大理石碑外就没有其他的装饰了，不过也正好凸显出一种朴素自然的美感。

TIPS

锡拉库萨火车站步行15分钟可到 0931-21446 ★★★★

畅游意大利 西西里

15 保罗欧西考古学博物馆

锡拉库萨最重要的博物馆

保罗欧西考古学博物馆是锡拉库萨最重要的博物馆。这里收藏着从旧石器时代直到拜占庭时期的很多艺术珍品和文物，其中囊括了花瓶、硬币、骨头、祭祀用品、人物半身像、雕刻以及锡拉库萨各个神庙的碎片等，是锡拉库萨悠久的古代历史的真实反映。想要全面了解锡拉库萨的历史，来这里是最好不过了。

Villa Landolina 锡拉库萨火车站步行15分钟可到 0931-464022 6欧元

16 阿波罗神殿

古希腊人建筑的遗迹

锡拉库萨火车站步行15分钟可到 ★★★★

锡拉库萨是由希腊人所修建的城市，因此祭祀太阳神阿波罗的神殿自然就成为这里必不可少的建筑。这座神殿是仿造希腊的德尔斐阿波罗神殿而建，始建于公元前6世纪，如今这里仅剩下残存的墙体和柱础等，依稀可以从中看出当年宏大的规模。漫步在这残垣断壁之间，一种忧伤的怀古之情涌来，让人不由得感叹沧海桑田的变化。

17 阿基米德广场 逛

以著名科学家名字命名的广场

TIPS

Piazza Archimede 锡拉库萨火车站步行15分钟可到

★★★★★

锡拉库萨是古希腊著名的科学家阿基米德的故乡，而以他的名字命名的阿基米德广场则是锡拉库萨古城区重要的交通枢纽。但是，在广场正中的却不是阿基米德的雕塑，而是一座纪念月神阿尔忒弥斯的喷泉，这让人颇感意外。这座喷泉中心的阿尔忒弥斯雕像身背弓箭，目视下方，四方还有不少小型雕塑围绕，虽然规模并不大，但是却有一种简约精致的美。

18 阿蕾杜莎之泉 

传说中仙女变的水池

锡拉库萨火车站步行25分钟可到 

阿蕾杜莎之泉位于锡拉库萨东部沿海地区，这是一片漂亮的淡水池塘。传说这里是希腊神话中月神阿尔忒弥斯的侍女阿蕾杜莎为了躲避追求者而变成的，而这片水域也正如一个美丽的少女一般，池塘里面水草丰茂，经常有各种水鸟在这里嬉戏。池水清澈见底，四面绿树成荫，是城市之中一处能让人静心陶醉的休闲胜地。

19 锡拉库萨主教堂

由古希腊神殿改建的教堂

赏

锡拉库萨主教堂是公元7世纪时，在古代雅典娜神殿的基础上改建而来的。这座教堂在很多方面沿用了原来雅典娜神殿的材料，比如这里的柱廊就是直接照搬过来的。最初这里的正面是拜占庭风格，但是因为地震而损坏，后来改建为巴洛克风格，如今在这里依然可以看到细微的变化。白色大理石的表面和各种精美的雕塑是这座教堂最大的特点，虽然规模没有别处"主教堂"那么大，但是其精致风格却有过之而无不及。

TIPS

Piazza del Duomo 锡拉库萨火车站步行20分钟可到
0931-65328 ★★★★★

20 陶米拉翁贝托一世大道

陶米拉最重要的主干道

逛

翁贝托一世大道是陶米拉最重要的主干道，它东起墨西拿门，西到卡塔尼亚门，连通着这座小城几乎所有的主要景点。虽然走完这条大街只需要半个小时左右，但是人们在这里可以观赏富有欧洲传统韵味的建筑，品尝各种西西里岛的传统小吃，购买各色纪念品，旅程相当充实，一点都不会感觉到累。

TIPS

Corso Umberto I ★★★★★

看点01 古钟楼

高耸入云的哥特式钟楼

古钟楼位于陶米拉主教堂广场附近，这座钟楼是一座哥特式建筑，建于12世纪，高耸入云的尖顶引人注目。在陶米拉各处都能看到这座钟楼，可以说是这座小城的标志。

看点02 主教堂广场

陶米拉的地标

主教堂广场位于陶米拉大教堂附近，这座广场上最著名的当数"大象喷泉"，在喷泉中矗立着一座用黑色火山岩制成的黑黢黢的大象雕塑，和同在喷泉中间的埃及式尖塔相映成趣，是陶米拉的地标之一。

21 古希腊剧场 赏

位于悬崖峭壁上的剧场

古希腊剧场是陶米拉最著名的景点，这座建于悬崖峭壁之上的剧场是古罗马人在希腊人剧场的遗址上兴建而成的，距今已经有2300多年的历史。远远望去，这座马蹄形的剧场就好像浮在空中的一个大碗。而站在剧场中向四周望去，一种居于海天之中的畅快感觉油然而生，可以想象当年在这里表演的演员们是怎样一种壮志豪情。

TIPS

Via Teatro Greco 0942-23220 6欧元 ★★★★

22 美丽之岛 赏

陶米拉最美丽的看海之处

美丽之岛是位于陶米拉海湾内的一座小岛，它通过一条狭窄的沙路和陶米拉市内相连。这里是陶米拉最好的度假胜地，岛上有沙滩绿树，有高级的饭店旅馆。这里的酒店大部分都拥有临海阳台，可以远眺美丽的蔚蓝海景。而游人们也可以闲坐在海岸旁，和大海做零距离的亲密接触。

TIPS

Isola Bella 陶米拉旧城区乘缆车可到 ★★★★

ITALY GUIDE

Italy

畅游意大利

15

意大利其他

01 主教堂

罗马风情的教堂

TIPS

Piazza Sordello　曼托瓦市中心步行即可到达

★★★★

建于13世纪的主教堂位于一处古代神殿的遗址上，16世纪中叶一场大火将主教堂烧毁。现今呈现在游人面前的主要是16世纪知名建筑师朱利欧 · 罗马诺修建的新古典风格建筑，其精美的雕花装饰和钟楼美轮美奂，洋溢着浓郁的罗马情调。

02 曼托瓦圣安德烈教堂

曼托瓦的宗教圣殿

TIPS

Piazza di Santa Maria Maggiore　曼托瓦市中心步行即可到达　★★★★

由路德维科二世在14世纪修建的圣安德烈教堂，由设计佛罗伦萨新圣母玛利亚教堂的阿贝蒂设计建造，在阿贝蒂去世后由设计美第奇宫廷的凡切利完成。外观美轮美奂的圣安德烈教堂内，圣器室存放有两只细颈圣油瓶，据说其中收藏了沾有耶稣鲜血的泥土，是世界上最珍贵的基督教圣物之一。

TIPS

Piazza Soredello 40　曼托瓦市中心步行即可到达

★★★★

03 曼托瓦总督府

曾经的欧洲最大宫殿

毗邻主教堂的曼托瓦总督府占地庞大，在14世纪时曾是爱好绘画、艺术和建筑的史丰哲家族府邸，是当时欧洲规模最大的宫殿建筑群。曼托瓦总督府现今呈现在游人面前的结婚礼堂、比萨内罗厅等建筑都是美轮美奂，此外在这座富丽堂皇的建筑中还有众多艺术品和壁画展览。

04 布洛雷多广场 逛

美丽迷人的小广场

布洛雷多广场毗邻曼托瓦市中心蔬菜广场，最引人注目的是在广场边的执政官府和市民大会拱廊两幢建筑，此外在布洛雷多广场上还立有诞生在曼托瓦的拉丁诗人维吉利欧雕像，用以纪念这位用动人歌喉唱出“牧歌”的诗人。

TIPS

Piazza Broletto 曼托瓦市中心步行即可到达 ★★★★

05 帕多瓦主教堂 赏

参观意大利最完整的中古时期系列壁画

建于1552年的帕多瓦主教堂由米开朗基罗设计建造，其主体建筑位于一处公元9世纪的天主教建筑遗迹上，在16世纪到18世纪教堂不断进行整修重建，现今呈现在游人面前的是1754年修建的文艺复兴式建筑。在帕多瓦主教堂内，最引人注目的就是这里保留了全意大利最完整的中古时期系列壁画，这些至今鲜艳的壁画美轮美奂，吸引了众多游客。

TIPS

Piazza Duomo 帕多瓦火车站步行前往 ★★★★

06 特皇宫

贡扎加文化的结晶

TIPS

Viale Te 曼托瓦火车站乘公共汽车即可到达 0376-323266 8欧元

建于1525年的特皇宫是当时贡扎加家族的花花公子费德里科为其情妇伊莎贝拉所建，其设计充满创意和趣味，被誉为贡扎加家族的文化结晶。作为贡扎加家族最钟爱的建筑大师朱利安·罗马诺代表作的这座特皇宫内，拥有大量夸张的壁画装饰，其中巨人厅内的壁画描绘了奥林匹亚诸神大战的场景，与其他装饰一同装点着这座美轮美奂的建筑。

07 贝多洛奇咖啡馆

吃

帕多瓦文人学者聚集的地方

TIPS

帕多瓦火车站步行前往 049-2010020 ★★★★

开业于1831年的贝多洛奇咖啡馆已有近200年的历史，作为新古典主义建筑师朱塞佩·加波里（Giuseppe Jappelli）折中主义的表现，贝多洛奇咖啡馆的装饰风格多样，英国诗人拜伦、法国小说家司汤达、意大利诺贝尔文学奖得主达里奥·福（Dario Fo）等都曾是这里的座上客。此外，贝多洛奇咖啡馆还一直是帕多瓦文人学者聚集的地方，在奥地利占领期间甚至成为整个意大利中兴思想的基地。

08 帕多瓦理性宫

赏

规模庞大的“大厅堂”

TIPS

帕多瓦火车站步行前往 4欧元 ★★★★

帕多瓦理性宫规模庞大，其前身是1218年帕多瓦法院和议会所在，在理性宫内曾经装饰有乔托和其门徒绘制的一幅尺寸惊人的巨幅壁画，但在1420年被大火烧毁，只留下一小部分。此外，在理性宫外不远处的蔬菜广场与水果广场是帕多瓦最热闹的集市所在，聚集了很多摊贩。

09 帕多瓦大学

意大利最古老的大学之一

TIPS

Via VIII Febbrai 帕多瓦火车站步行前往 049-8273047 ★★★★

帕多瓦大学又名玻之宫，虽然其建筑建于1542年，但帕多瓦大学本身则成立于1222年，是意大利除博洛尼亚大学外最古老的大学。历史悠久的帕多瓦大学历史上拥有无数知名学者，1592年至1610年伽利略曾经在这里任教，1678年，全世界第一位获得大学文凭的女性也在这里毕业，现今帕多瓦大学校内还立有她的雕像。

10 维罗纳曼菲阿诺碑文博物馆

见证古罗马帝国时代的光辉

位于小城维罗纳布拉广场大门旁的曼菲阿诺碑文博物馆建于18世纪，是一幢希腊神殿式的圆顶建筑，在博物馆内的中庭陈列着大量刻有碑文的墓石，作为古罗马帝国时代维罗纳曾经光辉的历史见证，吸引了无数游人光顾。

TIPS

Piazza Bra 维罗纳火车站步行15分钟可到 045-590087 3欧元 ★★★★

11 史格罗维尼礼拜堂

乔托绘制的精美壁画

建于1303年的史格罗维尼礼拜堂最初是艾瑞克·史格罗维尼为其父亲的墓园修建，虽然其外观平平无奇，但礼拜堂内却因拥有文艺复兴时期的艺术大师乔托绘制的多幅壁画而吸引了世界各地的游客光顾。在史格罗维尼礼拜堂内的壁画中，最著名的是《犹大之吻与圣殇》、《最后的审判》等。

帕多瓦火车站步行前往 049-2010020 11欧元 ★★★★

12 维罗纳圆形剧场

娱

维罗纳最伟大的遗迹

建于公元30年的圆形剧场是古城维罗纳最伟大的遗迹之一。作为古罗马帝国时代的标志性建筑，可容纳2.5万人的圆形剧场曾经是当时表演人兽格斗的血腥舞台，代表着那个逝去帝国的历史。现今，这里则成为维罗纳夏季歌剧音乐节的露天场地，充满浪漫情调。

TIPS

Piazza Bra 维罗纳火车站步行15分钟可到 045-8781231 4欧元 ★★★★★

13 领主广场

维罗纳最有“政治味”的广场

维罗纳领主广场最引人注目的就是正中矗立的但丁雕像，在雕像后面是建于15世纪、拥有美丽拱廊式建筑的议会回廊，而以理性阶梯和精美石像闻名的理性宫入口也位于这里。此外，在领主广场一侧，还有史卡立杰利家族的石棺群，其哥特风格的尖塔罩在石棺外围，象征着这个维罗纳最善战家族的骑士精神。

TIPS

Piazza dei Signori 维罗纳火车站步行20分钟可到

★★★★★

14 理性宫

赏

宏伟的帕拉迪奥殿堂

理性宫由帕拉迪奥设计建造，因而又被称为帕拉迪奥殿堂，其宏大的规模是领主广场周围最壮观的一幢建筑。作为帕拉迪奥大师的代表作之一，理性宫青铜色的船底状屋顶和四周的罗马诸神石雕颇为醒目。

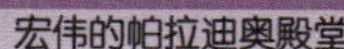

TIPS

Piazza Signori ★★★★

帕拉迪奥雕像

纪念伟大的建筑师帕拉迪奥

帕拉迪奥雕像位于理性宫门前，是为纪念帕拉迪奥而立，现今已经成为理性宫和领主广场的标志。

15 朱丽叶之家

世人膜拜的爱情圣地

罗密欧与朱丽叶的爱情故事在意大利流传甚广，而莎士比亚所作的《罗密欧与朱丽叶》更是令这段爱情悲剧在全世界闻名。虽然莎士比亚笔下的卡普莱家族和蒙特家族确实存在，但罗密欧与朱丽叶却是作者笔下的虚构角色，可这并未影响全世界的游人来到小城维罗纳，在朱丽叶的阳台下膜拜神圣的爱情。

TIPS

Via Cappello 23 维罗纳火车站步行20分钟可到 045-8034303 4欧元 ★★★★★

16 朱丽叶之墓

赏

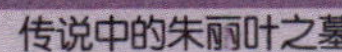

传说中的朱丽叶之墓

朱丽叶虽然是杜撰出的戏剧人物，但在维罗纳一座几乎荒废的公园内却建有朱丽叶之墓，虽然墓中只有一具空棺，但在地下的密室里依旧可以看到来自全世界各地的游客或情侣献上的鲜花与信。此外，在朱丽叶之墓附近还建有一座湿壁画艺术馆，可在这里欣赏众多古罗马时代的器皿和湿壁画。

TIPS

Via del Pontiere 35 维罗纳火车站步行10分钟可到 045-8000361 3欧元 ★★★★

17 圣安娜斯塔西雅教堂

维罗纳规模最大的教堂

建于1481年的圣安娜斯塔西雅教堂，最初是为多明尼各教会的教士聚会所建，是一幢规模庞大的哥特式建筑，其大门采用《新约圣经》为主题，教堂内装饰着大量精美的壁画，而驮负着圣水皿的乞丐像更是教堂内的艺术珍品。

TIPS

维罗纳火车站步行20分钟可到 045-592813 2.5欧元

★★★★

18 维琴察奥林匹克剧院

欧洲最古老的室内剧场

建于1579年的维琴察奥林匹克剧院委托帕拉迪奥设计修建，在其过世后由弟子史卡莫济继续完成。作为全欧洲现存历史最悠久的室内剧场，奥林匹克剧院外观古朴，中庭摆放着大量罗马风格的石雕，剧院内的舞台布景以希腊城邦特贝城为背景。这里经常举办各种艺术表演和音乐会。

TIPS

Piazza Giacomo Matteotti 3 0444-222800 8欧元

★★★★

19 维琴察市立博物馆

维琴察的艺术精华

毗邻奥林匹克剧院不远的维琴察市立博物馆前身是建于1551年的奇耶利卡蒂宫，整幢建筑最引人注目的莫过于房顶上一排由帕拉迪奥设计的小雕像。1855年博物馆成立后被当地人昵称为Pinacoteca，收藏了维琴察出生的画家绘制的众多精美画作。此外，在博物馆内还有一部分区域规划为考古学专用。

TIPS

Piazza Giacomo Matteotti 37/39

0444-222811 8欧元 ★★★★★

20 费拉拉

精致文化孕育的古老小城

TIPS

Ferrara 威尼斯乘火车在费拉拉下 0532-299303（游客服务中心） ★★★★

早在15世纪就以精致的文化而闻名意大利的小城费拉拉，因其领主艾斯特家族重视文艺，积极发展各种艺术、文学、建筑等，而成为当时意大利乃至欧洲一处重要的文化中心，费拉拉也被称为“诗人之城”。

看点01 主教堂

费拉拉的城市中心

费拉拉主教堂毗邻市中心的广场，是小城费拉拉的城市地标之一，在教堂后方的钟楼由阿贝蒂所设计，教堂外的商人回廊则是小城一处繁华的市集。

看点02 市政厅

艾斯特家族的旧府邸

费拉拉市政厅建于13世纪，其前身是统治这里的艾斯特家族府邸，在市政厅背面的市政厅小广场上有造型优美的荣誉大阶梯。

看点03 艾斯坦塞城堡

艾斯特家族的宫廷城堡

建于1385年的艾斯坦塞城堡，最初是抵抗外敌入侵的要塞，在15世纪艾斯特家族将府邸迁往这里后成为其统治的宫廷所在，如今这里依旧装饰着各种精美的绘画。

21 锡耶纳 逛

意大利最完美的中世纪小镇

被誉为意大利最完美中世纪小镇的锡耶纳位于山丘之上，是一座历史悠久的小城。城中的街道沿着山势而建，两旁林立着红砖屋瓦的古老建筑，其独特的中世纪情调充满托斯卡纳风情，仿佛穿越时光来到了遥远的中世纪。

TIPS

Siena 佛罗伦萨的新圣母玛利亚车站乘火车在锡耶纳火车站下 0577-280551（游客服务中心） ★★★★

看点01 锡耶纳大教堂

基督教世界曾经规模最大的教堂

建于12世纪的锡耶纳大教堂出自乔凡尼·比萨诺的设计，在14世纪扩建后曾经是当时基督教世界规模最大的一座教堂。如今的锡耶纳大教堂外观美轮美奂，其正立面融合了罗马和哥特式建筑的特征，内部展示有米开朗基罗、多纳泰罗、贝尔尼尼等艺术大师的作品。

看点02 市中心广场

意大利最迷人的广场之一

锡耶纳的市中心广场是一处地面铺满红砖的扇形广场，锡耶纳历史上几乎所有重大事件都发生在这里，在广场正中还建有一座快乐喷泉，四周环绕着众多咖啡馆和纪念品商店，是意大利最迷人的城市广场之一。

看点03 锡耶纳市政大厦

中世纪锡耶纳九人议会的总部

毗邻市中心广场的锡耶纳市政大厦建于1310年，是当时锡耶纳九人议会总部所在，如今除作为市政府办公场所，也在内部辟有市立博物馆，通过各种藏品向游人展示锡耶纳的历史。

看点04 曼贾塔楼

中古世纪意大利第二高的建筑

曼贾塔楼高102米，在中古世纪曾经是意大利第二高的建筑，游人站在塔楼顶端可一览小城锡耶纳点缀着红砖屋瓦的迷人街景。

22 庞贝遗迹

火山摧毁的罗马古城

TIPS

那不勒斯东侧 那不勒斯中央车站乘"环维苏威线"小火车在Pompei站下 081-8575331 11欧元 ★★★★

位于亚平宁半岛西南角的庞贝古城在古罗马帝国时代是一座中等规模的城镇，维苏威火山的突然爆发将整座城镇掩埋在火山灰下，直到18世纪才被考古学家发掘，得以重见天日。现今发掘出的庞贝古城遗迹拥有广场、大会堂、神殿、城墙、公共浴室、民居、酒吧、妓院等建筑和公共设施，将两千年前的古罗马城市生活清晰地展现在游人面前。

看点01 酒色之都

古罗马时代的酒馆和妓院

作为古罗马时代的一座酒色之都，庞贝城内拥有众多酒馆和妓院，在妓院的墙壁上多有马赛克拼图的春宫图等作为标志。

看点02 女祭司神殿

罗马纺织工人的守护神殿

古罗马诸神中，女祭司尤玛奇亚是纺织工人的守护神，庞贝古城的女祭司神殿正门装饰有精致的大理石浮雕。神殿在古罗马时代曾经是毛料集市和纺织公会总部。

看点03 史塔比恩浴场

庞贝城最古老的浴场

古罗马帝国的公共浴场世界闻名，这座建于公元前2世纪的浴场作为庞贝城最古老的浴场，分为男女两部分，包含有冷水浴、热水浴、更衣室、暖房、游泳池、厕所等设施。

看点04 阿波罗神殿

庞贝最古老的神殿

建于公元前5世纪的阿波罗神殿是庞贝古城内历史最悠久的神殿，这座结合了意大利风格和希腊元素的神殿规模宏伟，在柱廊旁还立有手执弓箭的太阳神阿波罗与月亮女神黛安娜的雕像。

看点05 农牧神之屋

庞贝最大的房子

农牧神之屋因屋内摆放有农牧神雕像而闻名，是庞贝城内最大的房子，曾经为古罗马贵族卡西所有，除了农牧神雕像外还装饰有大量马赛克壁画。

看点 06 大会堂

庞贝最大的建筑之一

建于公元前2世纪的大会堂呈长方形，是庞贝古城内规模最大的建筑物之一，曾经是庞贝行政法院和商业交易所的所在地。

看点 07 大剧场

规模宏伟的古罗马剧场

依天然地势而建的大剧场呈马蹄形，这座建于公元前2世纪的剧场规模宏伟，是古罗马时代庞贝市民的娱乐中心。

看点 08 大广场

庞贝古城的主要广场

位于庞贝城内两条主要干道交会处的大广场是古城内市民日常生活的中心，四周环绕着神殿、大会堂、市场等建筑。

23 海格里尼姆城遗迹

被火山摧毁的古罗马城镇

毗邻庞贝古城的海格里尼姆城，传说是古希腊神话中的大力士海格力斯所建，在古罗马时代是贵族修建别墅的度假胜地。与庞贝城同样命运的海格里尼姆城在公元79年维苏威火山喷发时被毁，不同的是庞贝城被火山灰掩埋，而海格里尼姆城则被大量火山泥浆凝结摧毁，直到1709年考古学家的发掘才使其重见天日。

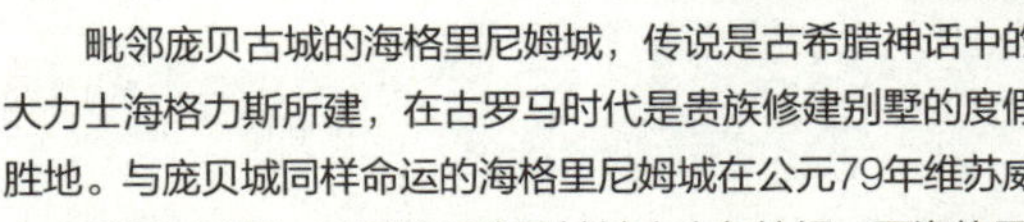

TIPS

那不勒斯中央车站乘火车在海格里尼姆城下 ☎081-85753311 ¥11欧元 ★★★★

看点01 浴场

古罗马时代的公共浴场

建于公元前10年左右的浴场规模宏大，共有4个入口，分为男浴场、女浴场、温泉浴室、更衣室、体育馆等设施，其中更衣室地板还装饰着漂亮的马赛克镶嵌图案。

看点02 海神之屋

遗迹中最美丽的马赛克镶嵌画

海神之屋曾是古罗马时代的一处夏日餐厅，墙上装饰着大量色彩艳丽的壁画，其中位于正中的《男女海神》壁画最为著名，是整个海格里尼姆城内最美丽的马赛克镶嵌画。

看点03 百眼巨人之家

美丽的古罗马别墅

毗邻骸骨之家的百眼巨人之家规模宏大，曾为古罗马时代的贵族家庭所有，其回廊环绕的长方形中庭是这幢建筑最大的特色。

看点04 科林斯式中庭之家

优雅的马赛克镶嵌柱廊

科林斯式中庭之家因一道装饰着优雅马赛克镶嵌柱廊而闻名，在中庭内耸立有6根圆柱，环绕着中央收集雨水的十字形蓄水池。

看点05 骸骨之家

典型的古罗马别墅

骸骨之家因1831年在这里发现人类骸骨而得名，整幢建筑拥有三处独立空间，其中中庭和小天井颇有特色，此外还装饰有色彩缤纷的彩色镶嵌地板。

看点06 鹿屋

海格里尼姆城内最著名的建筑

建于公元前50年左右的鹿屋是海格里尼姆城内最著名的建筑，因其中庭发现了一座名为《受狗攻击的鹿》的雕塑而得名。

看点07 奥古斯塔学校

规模庞大的建筑群

奥古斯塔学校是一处规模庞大的建筑群，除了古罗马时代的拱廊建筑外，这里还有大量保存完整、色彩鲜艳的壁画。

看点08 Telefo浮雕之屋

遗迹区中最优雅的海滨建筑之一

Telefo浮雕之屋优雅美观，两层高的建筑装饰着大量精美的浮雕和马赛克镶嵌画，其中一个房间保留有名为《Telefo传说》的浮雕。

24 卡普里岛 玩

意大利著名的旅游胜地

TIPS

那不勒斯南部 那不勒斯码头乘渡轮即可到达 081-8370634（旅游服务中心）★★★★★

被誉为爱情、梦幻与太阳之岛的卡普里岛，早在古罗马帝国时代就是古罗马贵族所青睐的度假胜地，如今更吸引了众多名流在这里修建别墅，是意大利一处著名的旅游胜地，又被称为蓝色之岛或睡美人岛。其蓝洞充满奇幻色彩，被誉为世界七大奇景之一。此外，岛上还有白洞、暗洞、圣人洞、神甫洞、罗马皇帝行宫等景点。

看点01 奥古斯都花园

卡普里岛最动人的景观

奥古斯都花园位于卡普里岛东南，在这里可以一览卡普里岛的美丽风景，被誉为卡普里岛上最美丽动人的景观。

看点02 贾科摩修道院

洁白的海边修道院

毗邻奥古斯都花园的贾科摩修道院建于1363年，在1553年重建后外观洁白迷人，如今内部作为图书馆和学校，收藏有大量不同语言的图书和德国画家Karl Diefenbach居住在岛上时创作的抽象画。

看点04 圣米谢雷别墅

幽静的私人宅第

圣米谢雷别墅的前身是19世纪享誉世界的瑞典医师兼作家Axel Munthe的故居，现今这里虽然依旧是私人宅第，但却以博物馆的形式对游人开放，可了解Munthe医师的生活。

看点03 翁贝托一世广场

卡普里岛最繁华热闹的地方

翁贝托一世广场是卡普里岛上最繁华热闹的地方，广场四周有大量知名品牌的精品店和露天咖啡馆供人逛街休闲，此外还有圣史蒂芬大教堂、裘维斯宫等历史悠久的古老建筑。

看点05 索拉罗山

卡普里岛的最高峰

索拉罗山高约600米，是卡普里岛上的最高峰，在山上有一座早已废弃的古堡，可在这里一览卡普里岛的迷人风光。

看点06 蓝洞

卡普里岛上最热门的景点

作为古罗马帝国时代贵族私人浴场的蓝洞经海水长年侵蚀而成，由于其独特的地质特征，因而阳光从洞口射入时会使整个岩洞散发出蓝色的光影，充满神秘的奇幻色彩。

25 帕维亚

伦巴第人的首都

历史悠久的帕维亚早在古罗马帝国时代就是一座重要的城市，西罗马帝国灭亡后，帕维亚成为伦巴第人的首都，14世纪威斯康迪家族成为帕维亚的统治者，开始对古老的帕维亚城进行大规模扩建。如今呈现在游人面前的帕维亚古城拥有大量优美典雅的红砖建筑，充满文艺复兴时期的艺术气息，这些建筑吸引了大量游人竞相拍照留念。

TIPS

米兰南端　米兰中央车站乘火车在帕维亚火车站下

0382-22156（旅游服务中心）　★★★★

大修院

伦巴第地区的文艺复兴时期杰作

位于帕维亚城郊的大修院收藏有大量极具艺术价值的藏品，其建筑风格美轮美奂，被誉为整个伦巴第地区文艺复兴时期的建筑杰作。

26 克雷蒙纳

历史悠久的小提琴发源地

历史悠久的克雷蒙纳早在古罗马帝国时代就颇具规模，之后在中世纪和文艺复兴时期，克雷蒙纳的城市规模也得以扩张，修建了大量精致宏伟的贵族住宅。值得一提的是，这座充满浓郁艺术气息的小城为世人所熟知是由于其小提琴发源地的身份，生于1505年的Andrea Amati被公认为小提琴之父，而世界闻名的Antonio Stradivari也在这座小城制作了上百把小提琴。

TIPS

米兰东南侧 米兰中央车站乘火车在克雷蒙纳站下 ★★★★

27 西米欧尼

逛

风景优美的湖滨古城

TIPS

米兰中央车站乘火车在Desenzano del Garda/Sirmione站下 030-914116（旅游服务中心） ★★★★★

西米欧尼濒临意大利面积最大的湖泊——加达湖，13世纪时，统治维罗纳的史卡立杰利家族在湖旁修建了一座城堡，之后环绕城堡逐渐发展成这座古色古香的湖畔小镇，成为意大利一处著名的度假观光胜地。此外，在西米欧尼北端还拥有公元前1世纪时的拉丁诗人Catullo修建的别墅遗迹。

加达湖 意大利面积最大的湖泊

风景秀美的加达湖北宽南窄，其湖水是冰河融化形成的，是意大利面积最大的湖泊，其碧蓝的湖水自古以来就受到但丁、歌德等诗人作家的赞颂。

28 圣吉米纳诺 逛

风光迷人的高塔之城

位于托斯卡纳地区的圣吉米纳诺依山而建，在中古世纪，作为从欧洲北部南下前往罗马朝圣的信徒的主要休息站。这座不大的山城曾经繁荣一时，并以其众多错落有致的古老砖塔而被称为高塔之城。直到1348年，瘟疫席卷托斯卡纳地区后导致朝圣的信徒改道而行，曾经繁华热闹的山城也开始沉寂没落。

TIPS

佛罗伦萨火车站乘SITA长途巴士即可到达 ☎0577-940008（旅游服务中心） ★★★★

29 摩德纳法拉利博物馆

记载法拉利公司的荣耀和历史

红色的流线型车身和跃马标志，以及引擎的轰鸣声一同组成了法拉利这一世界闻名的顶级跑车品牌。法拉利总部所在的意大利小镇马拉内罗是法拉利的故乡，这里记载了法拉利这一赛车品牌的荣耀和历史。毗邻法拉利本部的法拉利博物馆内停满了法拉利参加F1比赛的大部分赛车，放满了奖杯，而法拉利品牌在各个时代的顶尖跑车也是这里重要的展品，贯穿起一连串红色的荣耀历史。

TIPS

Viale Alfredo Dino Ferrari 43, 41053 Maranello Modena, Italia 0536-943204 ★★★★

30 赞伯尼大道

历史悠久的观光大道

作为博洛尼亚最有名的观光街道之一，历史悠久的赞伯尼大道为纪念路易·赞伯尼而命名，沿街两侧林立着圣锡西利亚清唱剧场、博洛尼亚市剧院、圣玛格丽特教堂等大量古色古香的中世纪建筑，置身其中仿佛穿越时空来到遥远的中世纪一般，吸引了众多游客慕名而来。

TIPS

Via Zamboni ★★★★

畅游意大利

意大利其他

看点01 马尔韦奇美第奇宫 美蒂奇家族的宅第

位于赞伯尼大道13号的马尔韦奇美第奇宫建于16世纪，是美第奇家族的宅第，庭院中的雕像造型精美，不禁令人怀想当年的好时光。

看点02 波吉宫殿 规模庞大的豪华宫殿

规模庞大的波吉宫殿位于赞伯尼大道33号，院中塔楼设有一座古老的天文台，现今整座宫殿被辟为波吉博物馆，展示大量精美的绘画和雕塑。此外，在波吉宫殿内还有博洛尼亚大学图书馆，收藏有600多幅珍贵的肖像画。

---

31 博洛尼亚双塔 赏

博洛尼亚的标志

TIPS

Via Galleria del Leone, 140125 Bologna ☎051-224369 ★★★★

博洛尼亚双塔是中世纪时加里森达和阿西内利两大家族为争夺博洛尼亚的控制权而修建的，其中加里森达家族的高塔现今因基座倒塌只余下50米的高度，而阿西内利家族修建的高塔则高97米，是意大利第四高的砖塔。但丁在其《神曲》中也曾描绘了这两座高塔的身影，是古城博洛尼亚的标志性建筑。

---

32 博洛尼亚圣斯蒂法诺教堂 赏

历史悠久的宗教建筑群

TIPS

Piazza Santo Stefano ☎051-233256 ★★★★

在博洛尼亚被称为七教堂的圣斯蒂法诺教堂是一组规模庞大的宗教建筑群，这些在不同年代修建的教堂风格各异，其中建于公元5世纪的圣彼得罗纽斯教堂是历史最悠久的一座教堂，其前身是古罗马神话中女神艾希斯的神庙，内部装饰充满早期基督教的特色。此外，同样建于5世纪的圣母教堂与建于8世纪的圣十字教堂也是历史悠久，古朴庄严的外貌令人印象深刻。

33 帕尔马

美食与艺术之城

TIPS

博洛尼亚中央火车站乘火车在帕尔马下 ☎0521-218889（旅游服务中心）★★★★

美丽迷人的帕尔马小城以美食和艺术闻名，由于曾经被波旁王朝统治，帕尔马小城内的建筑充满异国风情。德拉宫皮洛塔广场是帕尔马最具吸引力的地区，周围环绕着帕拉丁图书馆、国家美术馆、考古博物馆、波多尼博物馆和法尔内塞剧院等建筑。

看点01 帕尔马考古博物馆

不同时代的历史文物交织荟萃

帕尔马考古博物馆规模不大，馆内收藏有史前、古希腊、伊特鲁里亚、古埃及和古罗马的各种文物。

看点02 雷吉奥剧院

极具魅力的顶尖剧院

雷吉奥剧院历史悠久，其新古典主义的建筑风格独具魅力，是世界上顶尖的歌剧院之一，可在这里欣赏一幕幕精彩纷呈的古典歌剧。

看点03 恩尼奥·塔迪尼球场

帕尔马俱乐部的主场

意甲球队帕尔马俱乐部的主场恩尼奥·塔迪尼球场每到比赛日都是座无虚席，可在这里亲身感受意大利足球的激情与魅力。

34 拉文纳

意大利历史最悠久的城市

历史悠久的拉文纳曾经是西罗马帝国的重要城市，城内古朴的建筑极具威严感，在拉文纳老城区内现今依旧保存着为数众多的古老宅院。漫步在这座华美的古罗马都市中，那些狭窄的小巷更是充满休闲氛围，华美的教堂、精致的马赛克镶嵌画、古朴的房屋无不闪耀着古罗马时代的光芒，时光仿佛倒流。

博洛尼亚中央车站乘火车在拉文纳下　0544-35404（旅游服务中心）　★★★★

＊ 洗礼池

拉文纳最古老的建筑

洗礼池建于5世纪初，是拉文纳古城中历史最悠久的建筑，其八角形洗礼池内外有拜占庭和早期基督教风格的装饰，见证了罗马帝国的兴衰。

35 圣马力诺

世界上袖珍国家之一

袖珍之国圣马力诺位于蒂塔诺山的山坡上，是全世界国土面积较小，同时历史最悠久的共和国。作为世界知名的独家疗养胜地，圣马力诺风景优美，掩映在葱郁森林中的古老城墙更是圣马力诺的国家标志，而城内众多历史悠久的古迹也向游人讲述着这里古老的历史。此外，圣马力诺发行的邮票和古钱币也是颇具特色的收藏品。

博洛尼亚中央车站乘火车在里米利换乘长途巴士即可到达

378-0549882998（旅游服务中心） ★★★★★

看点01 圣马力诺F1赛道

风驰电掣的赛车

F1方程式大赛的圣马力诺站是圣马力诺一年一度的体育盛会，每到赛事进行的周末，都有无数车迷涌入这个袖珍国家，感受赛车的轰鸣与风驰电掣的速度感。

看点02 圣方济各大教堂

圣马力诺最古老的建筑

历史悠久的圣方济各大教堂庄严肃穆，是圣马力诺最富魅力的建筑，在教堂正门上刻有一只头戴王冠的雄鹰，大厅内则展示有精美的木质耶稣像。

36 都灵城堡广场

都灵的政治、宗教中心

逛

TIPS

Piazza Reale　011-4361455　★★★★

热闹的都灵城堡广场位于都灵市中心，自古以来就是这座古老城市的政治中心和宗教中心。在都灵城堡广场四周环绕着众多或古朴或美丽的建筑，游人从这里可以顺着一条条古老的街道前往都灵老城区观光。此外，这座广场也是都灵的球迷们进行集会、庆祝球队胜利与夺冠的地方。

看点01 都灵大教堂

珍贵的“耶稣裹尸布”

位于都灵城堡广场旁的都灵大教堂历史悠久，这座教堂以收藏了“耶稣的裹尸布”这一珍贵圣物而闻名整个基督教世界。

看点02 撒丁王宫

气势恢弘的宫殿

气势恢弘的撒丁王宫是一幢将中世纪城堡建筑的防御功能与巴洛克式的华丽造型融为一体的华美建筑，其模仿凡尔赛宫的花园充满艺术美感。

37 安托内利尖塔

都灵的标志性建筑

高160米的安托内利尖塔位于都灵老城区正中，在19世纪之前是全世界最高的建筑，如今这座巍峨耸立的高塔依旧是都灵城的标志性建筑。游人乘坐观光电梯可以登上安托内利尖塔的塔顶，在160米的高空俯瞰都灵城区的街景，或是远眺周围阿尔卑斯山区的迷人风光，感到沉醉不已。

Via Montebello 20 011-8125658 ★★★★★

意大利国家电影博物馆

展现意大利电影史

位于安托内利尖塔内的意大利国家电影博物馆内设有风格前卫的展厅，在博物馆内的互动电影厅每天都会滚动播放意大利著名电影和国外电影名作，此外还展示有大量电影设备和道具、服装、剧照等，可谓一部意大利电影的发展史。

38 瓦伦蒂诺公园

都灵最著名的一座城市公园

Il Parco del Valentino 

瓦伦蒂诺公园位于都灵市中心的波河河畔，其前身是撒丁公爵的行宫之一，现今则是都灵最著名的城市公园。瓦伦蒂诺公园内最受游人欢迎的是这里的中世纪城镇景区，游人在狭窄的街巷和古朴的民宅间可感受原汁原味的中世纪风情，而一年一度的情人节夜晚更是充满浪漫氛围。

＊ 瓦伦蒂诺城堡 法国风格的古堡

掩映在树林之中的瓦伦蒂诺城堡是一幢马蹄形的法国风格古堡，如今这座华丽的古堡已经成为都灵理工大学建筑系的中心建筑。

39 佩鲁贾执政官宫

意大利最庞大的中世纪建筑群

建于13世纪末的佩鲁贾执政官宫规模庞大，其建造工期历时2个世纪，直到15世纪中期才最终完工，是当时佩鲁贾地区公社所在地。气势宏伟的佩鲁贾执政官宫外墙装饰了繁复的花纹雕饰，游人可以顺着宫殿内宽敞深邃的拱廊前往翁布里亚国家艺术馆，欣赏这里收藏的大量艺术品和文物。

TIPS

Piazza IV Novembre 075-5741257 ★★★★

40 佩鲁贾大教堂

翁布里亚大区的主教座堂

TIPS

Piazza Dante 075-5723968 ★★★★

修建于中世纪晚期的佩鲁贾大教堂是为纪念天主教圣人圣洛伦佐而建，作为翁布里亚大区的主教座堂，佩鲁贾大教堂却由于种种原因直到现在也没能竣工。融合多种建筑风格的佩鲁贾大教堂正面的哥特式尖顶门最为引人注目，上方高高耸立着教皇保罗三世发动盐税战争而竖立的十字架。

*《十字架上放下的基督》 著名的宗教画作

在佩鲁贾大教堂的礼拜堂内收藏有《十字架上放下的基督》画作，将耶稣去世后的场景用艺术的手法表现出来，充满庄严神圣的宗教氛围。

41 阿西西

基督教圣人方济各的故乡

依山而建的古老小城阿西西是基督教圣人方济各的故乡，现今这里依旧保留着中世纪时的风貌。在环绕老城区的坚固城墙里，这座建于13世纪的小城保持着宁静祥和的生活氛围，游人可在这里顺着狭窄古朴的街巷，沿路欣赏圣方济各大教堂、市政厅广场、圣女齐亚拉教堂、大城堡、小城堡等古迹。

TIPS

佩鲁贾乘火车在阿西西站换乘公共汽车可到

★★★★

42 阿玛尔菲海岸

玩

意大利著名的海滨度假区

风光优美的阿玛尔菲海岸是意大利著名的海滨旅游区。阿玛尔菲的海岸怪石嶙峋，充满独特魅力，而这里最负盛名的则是蔚蓝色的大海与蓝天白云，四周悬崖峭壁上随处可以看到九重葛和夹竹桃，宛如一座空中花园般艳丽。濒临海岸依山而建的阿玛尔菲小镇历史悠久，在中世纪的狭窄街巷两侧拥有大量古朴的建筑，可感受浓郁的中古风情。

索伦托火车站前乘长途巴士在阿玛尔菲海岸下 089-875067（旅游服务中心） ★★★★

43 索伦托

风光旖旎的海滨小镇

那不勒斯中央车站乘“环维苏威线”小火车在索伦托站下 ★★★★

意大利南部索伦托半岛上的海滨小城索伦托风光旖旎。地处海滨峭壁上的索伦托四周被橘、柠檬、油橄榄与桑等树丛所围绕，自古以来就是意大利乃至全欧洲著名的度假胜地。漫步在索伦托整洁的街道上，游人不仅可以欣赏蔚蓝大海和小镇上大量中世纪的建筑，还可以远眺壮美的维苏威火山和美丽迷人的卡普里岛。

44 巴里主教堂

历史悠久的巴里地区主教座堂

TIPS

Piazza Odegitria ★★★★

建于12世纪末的巴里主教堂前身是古罗马时期巴里城内的标志性建筑，作为巴里地区的主教座堂，巴里主教堂是一幢庄严宏伟的哥特式建筑。教堂洁白典雅的立面和外墙装饰有各种美轮美奂的雕刻，教堂内的彩色玻璃和精美塑像在光线照射下共同营造出神圣的宗教气氛。

45 圣尼古拉教堂 赏

意大利罕见的东正教堂

TIPS

Piazza San Nicolat　9:00～13:00，16:00～19:00

★★★★

建于11世纪的圣尼古拉教堂是为纪念东欧守护者圣尼古拉而建。这座修建于中世纪的教堂气势宏伟，外墙与屋顶部分多用坚固的花岗岩建成，在历史上曾经多次遭遇兵戈，起到教堂与城堡的双重功能。它不仅是意大利罕见的东正教堂，而且是整个基督教世界中最重要的朝圣地之一。

46 特拉尼的主教堂 赏

特拉尼的标志性建筑

建于11世纪末的特拉尼的主教堂临近大海，其前身是一座圣母教堂，现今呈现在游人面前的教堂建于13世纪中叶，高59米的钟塔则是14世纪建成。游人在特拉尼的主教堂不仅可以前往5世纪时修建的地下墓穴参观，还可以登上教堂一侧的高塔，远眺周围美丽迷人的滨海风光。

TIPS

Piazza Duomo 

47 卡密内教堂

巴洛克风格的华美教堂

卡密内教堂建于12世纪末，其华美的巴洛克风格和洁白的外墙使这座教堂被誉为意大利普利亚大区最著名的城市标志之一。濒临海岸的卡密内教堂一侧建有外观优雅的钟楼，与教堂一同倒映在清澈的海水中，充满浪漫迷人的情调。

Piazza Tiepolo 

48 莱切圣十字教堂

华丽的巴洛克风格教堂

修建于文艺复兴时期的莱切圣十字教堂秉承了当时的建筑风格，不仅拥有华丽精美的雕刻装饰，同时兼具鲜明的南意大利建筑风格，成为莱切地区的文艺复兴时期建筑代表。在莱切圣十字教堂内装饰有大量精美的浮雕，当阳光透过色彩缤纷的玻璃照进教堂内的时候，不论神圣的祭坛还是四周的雕像都充满庄严肃穆的氛围。

V.co Saponea 

49 莱切大教堂广场 逛

意大利南部最美丽的广场

素有意大利南部最美丽广场之称的莱切大教堂广场在古城莱切颇负盛名。广场四周环绕着大量造型精美华丽的巴洛克风格建筑，置身其间可感受无与伦比的建筑美感，其中最引人注目的就是大教堂右侧的红衣主教宫殿，可在宫殿楼上的阳台俯瞰整座广场。

TIPS

Piazza del Doumo ★★★★

莱切大教堂

庄严肃穆的大教堂

位于莱切大教堂广场正面的莱切大教堂庄严肃穆，其70米高的钟楼高高耸立，与教堂一同成为莱切的城市标志而为人熟知。

50 奥特兰托主教堂 赏

马赛克镶嵌拼成的"生命之树"

奥特兰托主教堂历史悠久，其外观古朴大方，教堂内部的地面上用马赛克拼接成一幅巨大的"生命之树"图案，是12世纪末当地的红衣主教邀请众多艺术家联合创作而成的一件艺术珍品，充满宗教艺术的感染力。此外，教堂的地下室内设有教堂图书馆，收藏了大量中世纪以来的宗教典籍和羊皮手抄稿。

TIPS

Piazza Basllica ★★★★

51 卡罗五世城堡

古老的巴洛克式城堡

历史悠久的卡罗五世城堡是由西班牙人建造的一幢巴洛克式古堡。作为文艺复兴时期全意大利南部最重要的军事堡垒之一，卡罗五世城堡地处莱切古城的制高点，四周建有圆形塔楼，充满浓浓的伊比利亚风情。游人经过吊桥进入卡罗五世城堡后，可以在城堡内开设的博物馆了解卡罗五世城堡在那金戈铁马的岁月中发生的各种故事，而图书馆内则收藏了大量古籍图书和文献资料。

TIPS

Viale 25 Luglio, 73100 Lecce　0832-246517

★★★★

52 奥特兰托圣彼得小教堂

南意大利的早期拜占庭建筑代表

建于5世纪的圣彼得小教堂地处奥特兰托旧城区一处狭窄的小巷内，是意大利南部最能代表早期拜占庭建筑风格的宗教建筑之一。历时数百年修建，直至11世纪才最终完工的奥特兰托圣彼得小教堂也因而融合了阿拉伯、诺曼等不同建筑流派的特点，充满独特的建筑美感。在圣彼得小教堂内收藏有多幅壁画，其中一幅描绘耶稣与门徒进行最后晚餐的壁画更是拜占庭艺术风格的精品。

Via San Pietro　0836-586010　★★★★

ITALY GUIDE

Italy

畅游意大利

附录

梵蒂冈

作为世界上最小的国家，梵蒂冈是天主教廷的所在地，历史悠久的圣彼得广场、圣彼得大教堂、宗座宫、教皇避暑胜地和梵蒂冈博物馆等，浓缩了基督教世界两千年的历史。

01 圣彼得大教堂

雄伟壮观的大教堂

赏

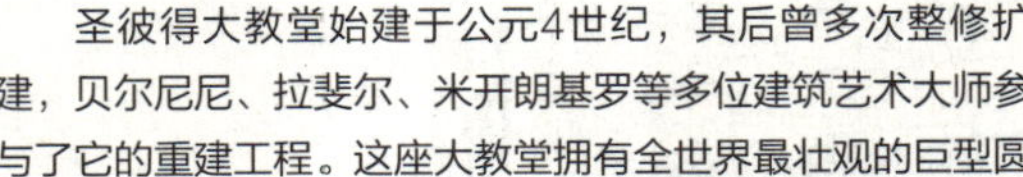

圣彼得大教堂始建于公元4世纪，其后曾多次整修扩建，贝尔尼尼、拉斐尔、米开朗基罗等多位建筑艺术大师参与了它的重建工程。这座大教堂拥有全世界最壮观的巨型圆顶，它的高度达132米，其内部装饰金碧辉煌，十分豪华。圣彼得大教堂内外的景点众多，既有历代天主教圣人的雕像，也有米开朗基罗等艺术大师的珍贵作品。

TIPS

Piazza San Pietro 乘地铁A线在Cipro Musei Vaticani站下 06-69883731 ★★★★★

看点01 教堂圆顶

全球最大的教堂圆顶

圣彼得大教堂的圆顶是一个具有古罗马建筑风格的圆顶，它气势宏伟，是由著名的艺术大师米开朗基罗设计的。圆顶的内部装饰华丽，墙壁上还镶嵌着精美的壁画。

看点02 圣体伞

精美的宗教艺术品

圣体伞位于圣彼得大教堂的祭坛之上，正对着该教堂的巨大圆顶。每当阳光洒落进教堂之时，圣体伞就笼罩在柔和的光芒之中，充满着神圣的气息。

看点03 洗礼堂

进行宗教活动的场所

洗礼堂是圣彼得大教堂中进行普通宗教活动的地方，来到这里除了能看到墙壁上精美的壁画外，还能近距离欣赏古老的圣彼得铜像，虔诚的教徒则会亲吻铜像的脚部。

看点04 亚历山大七世墓

纪念教皇亚历山大七世的雕像

亚历山大七世墓的墓碑也称五圣像，是贝尔尼尼80岁时雕刻的作品。雕像右下方地球仪上的英国版图被遮盖住，是暗示这位教皇意图控制英国教会却以失败而告终的历史事件。

02 圣彼得广场

圣彼得大教堂的殿前广场

TIPS

Piazza San Pietro 乘地铁A、B线在Termini站下

★★★★★

圣彼得广场是世界最著名的广场之一，可以同时容纳30万人举行各种活动。这个广场被半圆形的走廊所包围，高大的圆柱上则有多位基督教圣人的雕像。圣彼得广场的中间有一座巨大的方尖碑，其左右两侧各有一座喷泉。每周日下午天主教的教皇会出现在教堂面对广场的窗口，接受人们的欢呼。

方尖碑

雄伟壮观的方尖碑

方尖碑是圣彼得广场上的标志性建筑，它高达22.5米，是公元40年时由当时的罗马帝国皇帝派人从埃及运送过来的，见证了罗马城近两千年的历史。

03 梵蒂冈博物馆 赏

世界著名的博物馆

TIPS

Viale Vaticano 乘地铁A线在Cipro Musei Vaticani站下 06-69883333 15欧元 ★★★★★

梵蒂冈博物馆是世界上最著名的博物馆之一，它也是世界上最早开设的博物馆和最小国家的博物馆。这里展出着众多人类早期文明的艺术作品，其中以古埃及、古希腊和古罗马时期的作品最为珍贵，当然该展馆也不缺乏从中世纪到文艺复兴时期以及近现代的诸多艺术作品，让来到这里的游客震撼不已。

看点01 庇奥克里门提诺美术馆

希腊罗马时代的艺术品展馆

庇奥克里门提诺美术馆是以展出希腊罗马时代作品为主的展馆，游客们在这里能够欣赏到许多精美的雕塑艺术作品，还能看到壁画、图画等其他艺术品。

看点02 梵蒂冈画廊

展出文艺复兴时期艺术大师作品

梵蒂冈画廊是梵蒂冈博物馆一个新设立的展区，里面展出了众多文艺复兴时期艺术大师的作品，乔凡尼、卡拉瓦乔、拉斐尔和达·芬奇的著名作品在这里都能看到。

看点03 拉斐尔陈列室

艺术大师拉斐尔的作品展馆

拉斐尔陈列室是展示艺术大师拉斐尔诸多作品的地方，其中包括著名的《圣体的争论》、《雅典学园》、《三大德性》和《帕纳索斯山》等杰出作品。

看点04 伊突利亚美术馆

古典时代的艺术品展馆

伊突利亚美术馆是著名的艺术品展馆，里面收集了大量的公元前4世纪及更早时期的艺术品。这里的展品兼具艺术和文物的双重价值，比较知名的展品有《特迪的战神像》、《黑像式双耳壶》等。

看点05 西斯廷礼拜堂

收藏伟大艺术作品的地方

西斯廷礼拜堂里收藏了艺术大师米开朗基罗的两幅巅峰之作，一幅是位于天花板上的《创世纪》，另一幅则是环绕在墙壁上的《最后的审判》。

04 梵蒂冈花园 玩

梵蒂冈最美的地方

梵蒂冈花园是一个隐藏在众多古建筑之间的花园，那里鲜花盛开、林木葱茏，能够给人以美的享受。漫步在花园里那蜿蜒的小道上，既能遥望四周或壮观或华丽的古老建筑，也能看到一些具有现代风格的设施，而马赛克工作室、总神甫楼、米开朗基罗的工作室都是值得一看的景点。

TIPS

Viale Vaticano 乘地铁A线在Cipro Musei Vaticani站下

★★★★

05 圣天使堡 赏

台伯河岸的古老城堡

TIPS

Lungotevere Castello 50 地铁A线Lepanto站下车

8.5欧元 ★★★★★

圣天使堡原本是哈德良皇帝的陵墓，在其后的岁月中曾演化出城堡、监狱等不同功能，现在则被辟为博物馆。来到这里可以看到城堡守卫者在不同时代所使用的各种武器，教皇及各界名人所居住过的房间也对外开放。圣天使堡的造型独特，它上圆下方，外墙则是五角形，因而有着极强的防御功能。

* 圣天使桥

造型华美的石桥

台伯河上的石桥众多，而圣天使桥则是其中最为知名的一座。这座桥上共有12座天使雕像，它们的神情各不相同，都是杰出的艺术佳作。

索引 INDEX

A

B

C

D

Q

R

S

T

W

《畅游意大利》编辑部

图书在版编目（CIP）数据

畅游意大利/《畅游意大利》编辑部编著．—北京：华夏出版社，2015．1

（畅游世界）

ISBN 978－7－5080－8382－7

Ⅰ．①畅… Ⅱ．①畅… Ⅲ．①旅游指南－意大利 Ⅳ．①K954.69

中国版本图书馆CIP数据核字（2015）第002509号

畅游意大利

作　　者　《畅游意大利》编辑部

责任编辑　杨小英

责任印制　刘　洋

出版发行　华夏出版社

经　　销　新华书店

印　　装　北京金吉士印刷有限责任公司

版　　次　2015年1月北京第1版　2015年1月北京第1次印刷

开　　本　720×920　1/16开

印　　张　15

字　　数　200千字

定　　价　49.80元

华夏出版社　网址：www.hxph.com.cn　地址：北京市东直门外香河园北里4号　邮编：100028

若发现本版图书有印装质量问题，请与我社营销中心联系调换。电话：（010）64663331（转）

华夏行者 · 畅游世界